LA COMMUNAUTÉ INDOMPTABLE D'ANDRÉ FORCIER

MARIE-CLAUDE LOISELLE

La communauté indomptable d'André Forcier

essai

LES HERBES ROUGES

Les Herbes rouges remercient le Conseil des arts du Canada, ainsi que le Fonds du livre du Canada et la Société de développement des entreprises culturelles du Québec, pour leur soutien financier.

Les Herbes rouges bénéficient également du Programme de crédit d'impôt pour l'édition de livres du gouvernement du Québec.

Financé par le gouvernement du Canada. | Canada Québec

L'auteure remercie le Conseil des arts et des lettres du Québec pour son soutien à l'écriture de ce livre.

Dépôt légal : Bibliothèque et Archives nationales du Québec,
Bibliothèque et Archives Canada, 2017
ISBN : 978-2-89419-603-8

1
Points d'ancrage

L'étincelle

L'univers qu'André Forcier a construit de film en film est composé de ces parcelles de rêve et d'espace affectif qui font corps avec lui depuis cinquante ans de création. Ce n'est pourtant pas que la nostalgie l'ait fait arpenter sans fin les chemins de sa mémoire, mais simplement que les lieux qui l'ont vu grandir occupent, parfois secrètement, parfois de manière plus évidente, chacun des films qu'il a réalisés. Or, c'est sur la Rive-Sud de Montréal que tout a germé, durant une jeunesse passée à sillonner les quartiers de cette banlieue hétéroclite à laquelle il reconnaîtra plus tard un caractère unique et fécond. C'est là qu'il puisera une bonne part de la matière vive du réel qui donnera vie à la communauté de personnages inoubliables qui habitent une œuvre si singulière.

C'est toutefois par un concours de circonstances que le cinéma fait son entrée dans la vie du jeune André Forcier, alors qu'il étudiait à l'Externat classique de Longueuil (actuel cégep Édouard-Montpetit) dirigé par les franciscains. À 16 ans, bien loin d'une quelconque velléité artistique, il rêvait de devenir criminaliste, et ce, avec assez de conviction pour délaisser ses cours afin de se rendre au Palais de justice entendre plaider ceux qu'il admire. À la suite d'un conflit avec un enseignant, on le sanctionne en lui retirant son choix de cours pour l'année de Versification, et lui impose des cours d'arts. C'est ainsi qu'il fera la découverte de plusieurs classiques de l'histoire du cinéma et qu'un nouvel horizon s'ouvrira à lui vers lequel il se sentira rapidement attiré.

En même temps qu'un goût pour le cinéma se révèle chez lui un don pour l'écriture : il obtient la note maximale pour une critique de *Terre sans pain* de Luis Buñuel que lui avait commandé son professeur de cinéma. Encouragé par cette réussite, il donnera libre cours à son talent en signant dans le journal étudiant des textes sur des films, mais aussi des poèmes et des nouvelles. C'est également au collège qu'il tourne en 8 mm son tout premier court métrage, *La mort vue par...* Présenté dans le cadre de l'émission *Images en tête* de Radio-Canada, il est primé par le jury, dont fait partie Gilles Carle, qui l'incite vivement à suivre la voie du cinéma.

André Forcier a souvent rappelé combien le choc de la découverte de *Terre sans pain* a été déterminant pour lui. Dans cet « essai cinématographique de géographie », tel qu'il est désigné au début du film, tourné en 1932 par Buñuel avec la communauté des Las Hurdes, qui habite une des régions les plus déshéritées de l'Espagne, on reconnaît l'impulsion initiale de l'œuvre entière de Forcier et ce qui a contribué, de toute évidence, à fonder son regard de cinéaste sur le monde. On peut facilement deviner ce que l'adolescent a pu sentir de révolte et d'engagement dans la position de Buñuel, qui a filmé pendant près de deux mois au plus près de ces laissés-pour-compte. N'épargnant rien au spectateur de la violence qu'ils subissent à travers la mort explicitement à l'œuvre tout au long du film, on peut deviner que c'est précisément cette violence qui a touché de plein fouet la sensibilité rebelle du collégien, sans oublier le texte final du film, rajouté en 1937, qui s'impose comme un impérieux appel à la solidarité de tous les antifascistes du monde afin de vaincre la dictature de Franco.

Mais Forcier sait aussi ce qu'il doit au néoréalisme italien, à Vittorio De Sica notamment. La dimension humaniste que l'on retrouve dans ce cinéma de l'immédiat après-guerre, qui s'attache à montrer par une poésie rude l'homme contemporain dans sa vie quotidienne, toujours inséparable d'une collectivité, a incontestablement aiguillé la première partie de l'œuvre du jeune cinéaste. Son intérêt marqué pour les milieux populaires, les sans-le-sou, les petits délinquants, dont il hisse la vie simple ponctuée de microévénements banals au rang de tragédie, n'est pas sans rappeler à maints égards les préoccupations de De Sica, mais surtout les premiers films de Federico Fellini et de Pier Paolo Pasolini, dans lesquels on percevait encore l'influence du néoréalisme. Comment ne pas voir une certaine ressemblance entre les jeunes désœuvrés du premier long métrage d'André Forcier, *Le retour de l'Immaculée Conception*, et les éternels adolescents d'*I Vitelloni* (1953) de Fellini, qui errent de lieu en lieu, promenant au hasard des rues leur « inutilité » (« vitelloni », qui signifie en dialecte romagnol « gros veau », désigne un jeune homme oisif) ? Livrés à l'ennui dans les rues de Montréal, les personnages mènent leur vie sans projet précis et affichent une désinvolture qui les confine à l'inertie. Issus d'une époque en plein boom économique (nous sommes en 1971, comme en 1953, pendant les Trente Glorieuses), ils n'en sont pas moins abandonnés par un monde sur lequel ils n'ont pas de prise. Loin d'aspirer à ce modèle, ils ne font que vivre, sans souci du lendemain. Il en résulte une forme de nonchalance poétique du récit, qui, tournant le dos à une volonté de progression dramatique, s'aventure déjà du côté de la rêverie.

Il n'est pas difficile non plus de voir chez le Forcier des années 1970 un héritier de Jean Vigo, comme certains, particulièrement en Europe, n'ont pas hésité à le faire au moment de la présentation de ses premiers films. La puissance poétique née du réel même que l'on retrouve dans *Zéro de conduite* (1933) et dans *L'Atalante* (1934), le ton corrosif mêlé à une révolte et à une violence plus ou moins rentrée ainsi que la liberté souveraine avec laquelle cela s'exprime, tel un superbe pied de nez contre l'ordre établi faisant surgir des moments de pur délire jubilatoire (pensons à l'insurrection dans le dortoir du collège de *Zéro de conduite* et à la scène d'essayage de la jupe par le père Jules et ce qui s'ensuit dans *L'Atalante*), présentent manifestement un esprit commun avec ce qui anime les premiers films de Forcier. Esprit qui, en vérité, ne quittera jamais son œuvre. Et lorsqu'un moulin à moudre le grain pour les pigeons tient lieu de boîte à musique sans provoquer la moindre surprise dans *Retour de l'Immaculée Conception*, comment ne pas penser là aussi au père Jules qui, faisant glisser son doigt sur les sillons d'un disque, tire une mélodie d'un phonographe défectueux ? Vigo et le jeune Forcier sont, à n'en pas douter, des frères.

Les «bons à rien» du *Retour de l'Immaculée Conception*, de *Bar Salon,* de *Night Cap* ne sont pas non plus sans faire penser aux «mendiants» et aux petits souteneurs des faubourgs de Rome, filmés avec affection et empathie par Pasolini dans *Accattone* (1961) et *Mamma Roma* (1962). De même que pour ce cinéaste italien, il s'agit pour Forcier de demeurer au plus près des petites gens, des chômeurs, des voyous et escrocs en tout genre qui peuplent la banlieue immédiate et les quartiers populaires de la ville, pour lesquels il manifeste un indéfectible attachement. Mais on pense davantage encore à cet autre film de Pasolini, *Des oiseaux, petits et gros* (1966), pour son aspect fantaisiste, brillamment politique sous des dehors burlesques, qui suit deux vagabonds, père et fils, errant sur les routes accompagnés d'un corbeau, conteur soliloque et philosophe «de gauche». Quoique le cinéma de Forcier ne soit jamais à proprement parler politique, plus d'un moment de ce film évoque ceux qu'il réalisera dans les années 1970 : que ce soit le jeune vagabond voltigeant de mains en mains aussi léger qu'un ballon sous les yeux de paysans hilares, l'affrontement avec les propriétaires terriens qui se transforme en assaut guerrier loufoque, la rencontre avec une troupe ambulante qui donne lieu à une série de scènes totalement folles, dont celle où la vieille Cadillac de la troupe s'éloigne en laissant derrière elle une traînée d'étincelles projetées par les pièces pyrotechniques dont la route est recouverte. Impossible de ne pas penser à cette vision irréelle en regardant rouler sur leurs jantes les tacots d'*Au clair de la lune*, transformés en comètes. Ce film de Pasolini, véritable célébration de la liberté, de la fantaisie et de l'innocence, qui plonge le père et le fils pendant quelque trente minutes en plein moyen âge, aux côtés de saint François d'Assise qui leur demandera de prêcher la fraternité aux oiseaux, doit beaucoup aux *Onze fioretti de François d'Assise* (1950) que Pasolini considérait comme le plus grand film de Roberto Rossellini. De savoir que ce film a été pour Forcier un de ceux qui l'ont le plus marqué au collège n'est donc pas anodin. L'inventivité de cette œuvre pourtant simple, portée par le jeu de vrais moines qui y interprètent le rôle des disciples de saint François avec une candeur et un élan de fantaisie inouïs, mais aussi l'intérêt accordé aux gestes quotidiens les plus humbles avaient tout pour plaire autant à Pasolini, qui a su y puiser la superbe innocence du jeune Ninetto, qu'à Forcier qui ne délaissera jamais cette fondamentale innocence qui s'exprimera de film en film chez ses protagonistes.

L'ancrage social chez Forcier apparaît avant tout comme cette force créatrice permettant de voir poindre la part insondable qu'il recèle, qui est celle qu'abrite chaque être humain. Dès son premier film, *Chroniques labradoriennes*, il s'empare du réel pour y faire vibrer un onirisme qui traduit de façon éclatante le lien qui le rattache aux lieux dont il est issu. Les jeunes révolutionnaires indolents de ce premier court métrage, qui se cherchent une raison d'être en échangeant quelques propos sans queue ni tête sur le communisme, la philosophie, la métaphysique et… le désir de combattre pour reconquérir le territoire du Labrador enlevé au Québec en 1927, ont déjà ici, dans leur aspect rêveur et décalé, ce qui caractérisera les personnages que l'on trouvera par la suite. Ils portent en eux le poids d'une société où la réalité est une prison dont on cherche à s'échapper par des trouées invisibles que chacun s'invente comme il le peut. Une société exsangue dans laquelle la langue, pour ces garçons de peu de mots, est autant un boulet qu'un espace d'évasion sans frontières. C'est ce qu'on retrouvera dans *Le retour de l'Immaculée Conception*, qui pousse plus loin encore la liberté narrative par un récit déconstruit et une manière de faire se heurter la fiction la plus délirante et des éléments documentaires de la vie montréalaise de 1970 : homme ramassant du bois sur la voie ferrée, véhicules embourbés après une tempête de neige, moment de grâce éphémère dans le *chinatown* avec une vagabonde éméchée. Ce premier long métrage traduit à la fois l'ivresse de voir s'ouvrir toutes les possibilités d'un territoire à explorer (territoire géographique autant que narratif et imaginaire) et la difficulté d'affronter ce qui entrave cette ouverture et ce besoin de liberté.

Un territoire en construction

Comme la plupart des réalisateurs de fiction québécois à la même époque – Gilles Carle, Denys Arcand, Gilles Groulx, Jean Pierre Lefebvre, Jacques Leduc, Francis Mankiewicz –, André Forcier ancre ses premiers films dans un territoire en construction, celui de la période post-Révolution tranquille. C'est donc en pleine époque de quête identitaire et de ferveur indépendantiste au Québec que le jeune cinéaste a pris son essor créatif, alors que les cinémas nationaux de tous les continents s'affirmaient aux yeux du monde. Or, si ses premiers films se révèlent de leur époque, ce n'est pas qu'ils apparaissent aujourd'hui lourdement marqués par elle. On y perçoit plutôt comment ils ont su profiter de l'énergie libératrice qui se propageait au cours de ces années déterminantes, vitalisées par une explosion euphorique d'utopies, pour faire vivre à l'écran ce qui, au Québec, s'est développé sur un terreau essentiellement populaire. C'est en faisant exister un imaginaire et en s'emparant de la langue d'une façon unique que les films participent à la construction de ce territoire en devenir. Un territoire, mais également un cinéma en train de s'inventer, de chercher de nouvelles formes, de nouveaux moyens de dire et de définir une appartenance au monde. Au-delà de la fantaisie débridée propre à ce cinéaste, c'est en grande partie en tirant la substance d'une langue pétrie de l'imaginaire des quartiers où il a grandi (ceux de la Rive-Sud et de l'Est de Montréal) afin de la réinventer qu'il réalise cet ancrage. À l'image du Québec en train de se métamorphoser avec une rapidité fulgurante, les mots dans la bouche des personnages sont ceux d'une langue en mutation : non pas celle qui s'uniformise sous l'influence massive des médias de masse, mais cette langue qui fleurit sous la plume hallucinée du cinéaste et de son coscénariste Jacques Marcotte, qui a tout des couleurs évocatrices du parler populaire, bien qu'elle soit une parole totalement fantasmée, magnifiée et transfigurée. Cette langue française, portée au Québec comme un manteau trop grand dont on ne sait que faire, comme un poids, une entrave qui si souvent fait taire, bien que certains esprits fertiles et plus libres aient su en repousser les limites avec une superbe irrévérence, Forcier en fait un moyen, extrêmement chargé culturellement, de façonner un territoire en construction. Nous revient alors en tête la langue fabuleuse de cet autre conteur qu'est Jacques Ferron, où l'onirisme se mêle à la satire et à l'ironie, où se propage le plaisir de s'approprier une parole populaire qui invente des mots et des tournures déjantées avec une liberté fantasque – liberté qui n'est certainement pas sans rapport avec la place imprécise occupée dans l'histoire par ceux qui portent cette parole.

Comment ne pas entendre dans les envolées délirantes qui fusent dès *Chroniques labradoriennes*, au détour de phrases telles qu'« Envers et contre tous, nous débarquèrent sous les réverbères du grand débarcadère », qui marqueront son œuvre jusqu'au *Vent du Wyoming*, un écho de la prose truculente de Ferron. Il n'est certainement pas extravagant non plus de voir quelque analogie entre cette tournure d'*Au clair de la lune* : « Le frette a gelé toute la lumière, même celle du Moonshine Bowling, mais ça ne fait rien. Albert, orphelin de père en fils et de nature, s'est acheté un cierge de baptême au *pawnshop* du coin » et une autre, puisée dans un des contes de Ferron : « François Laterrière, ex-Frank Laterreur, champion déchu qui ne valait plus son poids de viande, lors quitta Calgary, emmenant son Chaouac, petite flamme claire, sa seule ardeur » (« La vache morte du canyon »). Difficile aussi de voir une coïncidence dans le fait que François (Frank) et Albert, les protagonistes de ce film nocturne qu'est *Au clair de la lune*, ont les mêmes prénoms que ceux de

La nuit de Ferron (rebaptisé plus tard *Les confitures de coings*), de même que Félix dans *Kalamazoo* prendra le nom de Cotnoir, titre d'un célèbre roman de l'écrivain.

André Forcier est à plus d'un titre l'héritier spirituel de l'écrivain atypique, à la fois tendre et baroque, qu'était Jacques Ferron. Fins observateurs l'un comme l'autre de nos travers et faiblesses, rien de la vérité qui se cache sous l'insolite n'échappe à leur œil aiguisé. Or, ces traits de parenté ont-ils à voir, du moins en partie, avec le point d'ancrage commun aux deux artistes ? Chose certaine, le cinéaste n'hésite pas à parler d'une « culture de la Rive-Sud », différente de celle de Montréal et même du Montréal populaire, pour qualifier le milieu dans lequel il a grandi ; culture que Ferron, lui, a découverte après s'être installé à Ville Jacques-Cartier (en 1949, à l'âge de 28 ans) pour y pratiquer la médecine et qu'il a faite sienne dans ses œuvres. Si la Rive-Sud, zone suburbaine où se croisent les membres d'une faune contrastée, composée de gagne-petit, d'exilés de la campagne et de la ville, mais aussi de notables, colore une bonne part de l'œuvre de l'écrivain, elle est pour Forcier la sève même qui nourrit son imaginaire.

Durant son enfance et son adolescence, André Forcier habite Greenfield Park. Dans ce quartier, les jeunes francophones, largement minoritaires, et les anglophones se côtoient et s'affrontent. Ville Jacques-Cartier, Ville LeMoyne, Coteau-Rouge marquent la zone de ses errances juvéniles. Cette zone frontière entre la ville et la campagne, construite de façon anarchique au lendemain de la Deuxième Guerre mondiale par des pionniers de tout acabit, qui échappa longtemps aux règles, au plan préétabli, aux structures (municipales et autres), Ferron la qualifiera superbement de «petit Farouest». Parlant de Coteau-Rouge dans *Le salut de l'Irlande*, il fait remarquer comment «les chiens y remplaçaient la police, les bécosses l'égout, les puits l'aqueduc». C'est le Farouest qu'ont pu s'offrir, à la mesure de leurs moyens, les gens partis de Montréal pour des raisons économiques ou ceux chassés des paroisses que Ferron représentera ainsi sur un ton acerbe : «La paroisse québécoise a trouvé sa forme définitive au siècle dernier; depuis elle ne bouge plus, elle se fige sur ses habitants comme une carapace et n'en retient qu'un nombre invariable…» Les pionniers de la Rive-Sud font partie de «ce surplus humain dont la paroisse québécoise se débarrasse continuellement pour conserver sa face traditionnelle, écrit-il, ce masque qu'on montre aux étrangers, qu'on exploite et qu'on vend, cette grimace de putain austère[1]». Forcier ne renierait pas ces paroles, lui qui a fait sa famille imaginaire de tous ces «êtres en trop» rejetés en marge de notre monde, de la ville, de la société.

De cet espace indéfini, farouchement indépendant de la ville autant que de la campagne, mais qui s'uniformisera peu à peu en devenant banlieue, il gardera vivaces les origines rebelles et disparates dans des films tels *Night Cap* et *Le vent du Wyoming*, avec son «hommage» au boulevard Taschereau et à son Motel Oscar. Même lorsqu'il quitte la Rive-Sud pour ancrer ses histoires à Montréal ou ailleurs en Amérique, l'esprit

1. «La vache morte du canyon» est tirée des *Contes du pays incertain*.

de ce Farouest, rêvé et intime, continue de hanter des lieux qu'il réinvente et le cœur de la société hétéroclite qui y vit. À celle-ci se joindront dès le tournant des années 1990 ces êtres dont la vie est faite de provisoire et de précarité : les migrants intérieurs, du Québec et de l'Amérique (les Acadiens), ou ceux venus d'ailleurs (les Italiens avant tout). Ce sont ces figures de l'*autre en nous-mêmes* sur lesquelles le cinéaste n'a jamais cessé de poser un regard aimant.

Si on peut considérer que Forcier s'inscrit à ses débuts dans le courant prédominant du cinéma québécois des années 1960-1970, dont les récits prennent pour cadre les milieux populaires, la voie qu'il emprunte demeure singulière, même si elle n'est pas étrangère à la fantaisie mordante et frivole de Gilles Carle, et à l'engagement affectif dont celui-ci fait preuve à l'égard de ses personnages et des acteurs qui les incarnent. On sent combien Forcier est partie prenante de ce qu'il donne à voir, combien les personnages qu'il fait exister à l'écran sont littéralement sortis de lui, au point qu'il choisit de s'immiscer parmi eux en se donnant de petits rôles dans presque tous ses films jusqu'au *Vent du Wyoming* (où il apparaît brièvement en bagagiste de l'Hôtel Mont-Royal). Ces brèves apparitions semblent exprimer avant tout le désir de se fondre parmi ces êtres qu'il aime sans mesure. Il est clair que ce qu'il espère, c'est que nous-mêmes, spectateurs, ayons le sentiment d'appartenir à cette communauté-là, que nous plongions dans son existence à la fois banale et hors du commun par le seul fait de toucher à une vérité plus intime que celle qui s'offre au premier regard.

Il faut voir d'ailleurs combien la figure de l'amitié prédomine dans l'œuvre de Forcier. Celle-ci est présente dès *Chroniques labradoriennes*, à travers la fraternité de jeunes révolutionnaires, jusqu'à *Je me souviens*, marqué par toutes ces solidarités tissées grâce à une communauté de sentiments (entre les mineurs, leurs femmes, entre Némésis et le jeune Louis Sincenne ou Liam l'Irlandais), et *Coteau Rouge*, qui repose sur la complicité amicale entre les résidents du quartier éponyme de la Rive-Sud. Au-delà des faiblesses et des misères humaines, ces liens immémoriaux se présentent chaque fois comme ce qui subsiste de plus grand dans un monde sans merci. Il y a de la joie dans les relations qui se tissent, et dans l'amitié une allégresse qui pousse parfois jusqu'à l'exaltation. Une bonne part de l'énergie communicative que libèrent ces films est distillée par la rencontre volcanique qui s'opère entre les êtres, par des liens intenses qui laissent plus d'une fois se confondre amour et amitié, ce dont la complicité de Bert et de Frank, qui finissent par former un couple indissociable… jusque dans la mort, serait l'exemple le plus éloquent. Ce que l'on retrouve de film en film, c'est un monde où vivre ensemble est encore possible, où malgré la solitude, la misère morale et affective, malgré la violence inhérente à l'homme, chacun recherche la présence de l'autre, l'accueil d'une collectivité. Quelqu'un à aimer, « quelqu'un à réchauffer », dit Frank dans *Au clair de la lune*, ou simplement quelqu'un avec qui errer, avec qui partager ses rêves et sa tristesse.

Ce qui perce dans ce désir de fraternité, c'est la recherche et l'édification par le cinéma d'un milieu d'appartenance collective. En cela, cette œuvre s'inscrit de plain-pied avec le mouvement de quête d'une forme d'identité originelle telle qu'elle s'est manifestée en littérature, en théâtre, en poésie et en chanson dans le Québec des années 1960 et 1970. Il s'agit de donner à la communauté non plus juste un coin de terre, au sens d'un enracinement terrien, mais plutôt un espace symbolique qui permet d'accomplir cette symbiose avec le territoire, toujours espérée et impossible. Ce territoire se révèle à la fois réel et imaginaire, plus près d'une vérité intérieure que d'une quelconque appropriation matérielle du lieu habité, ce qui la rend d'autant plus prégnante et puissante. À ce peuple québécois que l'on dit sans histoire, Forcier offre un ancrage au moyen de récits, d'« histoires inventées », en puisant dans le passé et dans le présent de celui-ci autant que dans son histoire personnelle. Contrairement à d'autres cinéastes de sa génération, il poursuit moins dans le réel une image supposément véridique du Québec (et plus tard de l'Amérique) qu'un espace de rêve qui, en plongeant au plus profond d'un sentiment du tragique, dégage dès lors un horizon sans bornes. Il ouvre sur le fantasme, plus vrai encore que la brutalité du réel, sur l'inimaginable au-delà duquel les personnages portent leur regard, et sur l'impossible auquel ils veulent croire, espérant trouver leur place en ce monde. Le rêve, qui prend son envolée grâce au secours de l'amitié, de la fraternité, est plus fort que tout : il donne un sens au monde et aux actions quotidiennes de ceux qu'il réunit.

2

Création d'une communauté poétique

La communauté anarchique

Dès *Chroniques labradoriennes*, le tout premier film qu'André Forcier signe à l'âge de 19 ans, un sens aigu de la communauté anime son cinéma, qui jamais ne se démentira. Exception faite de *Kalamazoo*, sans doute sa réalisation la plus désenchantée, qui présente une constellation d'individus irrémédiablement seuls, et *Acapulco Gold*, objet à part dans une œuvre déjà hors de l'ordinaire, on retrouve dans cette filmographie qui se déploie sur cinq décennies le besoin de mettre en scène des groupes d'hommes et de femmes entre lesquels le cinéaste tisse des liens mouvants, mais toujours intenses.

On voit comment la confrérie de jeunes révolutionnaires de *Chroniques labradoriennes*, bien que loufoque et improbable dans son rêve romanesque de reconquérir le Labrador, avait jeté les bases de ce que représente la collectivité dans le cinéma de Forcier. Si elle apparaissait déstructurée dans *Le retour de l'Immaculée Conception*, composée de jeunes adultes qui, entre « jobines » de subsistance et amours chaotiques, trouvent dans l'amitié une bouée de secours face à la dureté des premiers apprentissages de la vie, la communauté prendra par la suite une allure plus « familiale » dans *Bar Salon*, *Night Cap* et *L'eau chaude l'eau frette*. Il s'agit de la grande famille prise au sens large, celle qui regroupe des membres de tous âges, unis dans leur destinée par le seul fait de hanter les mêmes espaces.

Lorsque les personnages ne sont pas déjà unis par un lien d'amitié ou familial, ils finiront tôt ou tard par se croiser et, ultimement, par appartenir au même groupe. C'est ce que rend possible la fête organisée pour Polo dans *L'eau chaude l'eau frette* en rassemblant dans un lieu, le temps d'une soirée, les locataires d'une maison de chambres et leurs voisins du quartier. Mais le plus souvent, c'est la rencontre inopinée de deux individus que rien ne prédestinait à se lier qui provoque le choc d'univers, devenant le révélateur de toute une communauté. C'est ainsi qu'à travers la rencontre de Bert et de Frank, et de ce que celle-ci engendre de situations abracadabrantes, le quartier d'*Au clair de la lune* se met à exister. Dans *Kalamazoo*, la mise en relation brutale de deux êtres dissemblables se produit lorsque le Checker Cab de Félix Cotnoir heurte la cabine téléphonique dans laquelle se trouve Pascal Globenski. Malgré le fait que le personnel de l'hôtel Saint-Denis a pour seul point commun d'être composé d'âmes esseulées, en mal d'amour, c'est pourtant cet invraisemblable petit groupe qui viendra sceller le destin de Cotnoir en basculant avec lui dans son imagination. Le désir d'être amoureux est si puissant pour cet homme qui se dit puceau à 50 ans que ceux qu'il fréquente finissent par voir à ses côtés Helena, la sirène de ses rêves, et même par être emportés par le « vent d'amour [qui] soufflait sur l'hôtel », Wilfrid et Werther succombant enfin à leur attirance l'un pour l'autre – ce qui donne lieu à des scènes d'une drôlerie irrésistible. C'est le fantasme d'Helena qui unit contre leur gré

Globenski et Cotnoir après que le premier a basculé dans le rêve du second, qui transforme Cotnoir en amiral partant à l'assaut des mers pour retrouver cette femme dont il est follement épris. Quant à Rex Prince dans *La comtesse de Baton Rouge*, il sera propulsé dans l'univers forain (et dans l'amour) par la passion malheureuse du cyclope pour Paula Paul. Dès lors, Rex et son entourage (de son monteur Édouard Doré à Julie Larousse, projectionniste du cinéma Crémazie) appartiendront irrémédiablement à la «communauté de Paula», communauté éclatée, certes, mais qui s'unifie sous l'emprise magique du fantôme de Paula (le fantôme du Rialto). Ces rencontres fortuites étendent leur empire de manière positive bien au-delà des personnages qu'elles concernent directement, jusqu'à rejaillir et à rayonner dans cette sphère affective en expansion qui finit par tous les englober. Chaque film engage ces personnages, aussi incompatibles soient-ils, à appartenir à la même communauté rêvée. Si, jusqu'à la fin des années 1990, celle-ci se fait de plus en plus chimérique, elle continuera néanmoins d'imposer tout son poids de vraisemblance poétique.

Placée au centre de son œuvre, la communauté permet que subsiste dans notre monde une sorte d'utopie, non pas harmonieuse ou fusionnelle, mais celle d'un regroupement d'êtres singuliers superbement animés par la force des liens humains. Aussi dur soit le réel, la part que le cinéaste choisit de mettre en lumière est celle où chacun trouve sa place quelles que soient ses fautes et ses faiblesses. Le groupe à cet égard est ce qui met en relief le caractère extravagant des personnages qui, à force d'être tous d'une certaine façon des marginaux, évacuent la notion même de marginalité pour révéler leur nature commune. La marginalité représentée ici ne l'est donc jamais pour elle-même, pour son caractère d'étrangeté ni son potentiel de loufoquerie. Et si la loufoquerie s'immisce partout, elle emprunte moins souvent la voie d'un ressort comique volontaire qu'elle ne jaillit du réel lui-même ; réel qui, lorsqu'on lui prête attention, offre chaque jour son lot de détails et de situations hors de l'ordinaire. À aucun moment les personnages n'apparaissent comme des guignols dont on pourrait s'amuser. On sourit plutôt de leur candeur, de certains traits d'esprit superbement lancés, malgré l'attitude débonnaire de ceux qui les prononcent. Cette galerie d'êtres atypiques se distingue par toutes les petites et grandes particularités, par les anomalies de comportement de chacun, rendant l'idée même de marge extrêmement floue.

Cette grande famille n'est donc en rien homogène, et l'est d'autant moins que les excentricités – allant jusqu'à certains actes qu'on appellerait aujourd'hui déviances – sont acceptées et presque intégrées à un quotidien duquel la morosité semble chassée par la seule présence de ces « anomalies » sociales. Ce sera Amélie capturant les chats pour les vendre au poids au cuisinier d'un restaurant chinois dans *Bar Salon* ; les voyous en tout genre de *Night Cap* et les fier-à-bras d'*Au clair de la lune* qui font la loi dans le quartier ; les rats que l'on tire à la carabine dans le sous-sol du snack-bar, les arnaques et chantages divers de Polo, le *pacemaker* de Francine qui sert à ranimer la batterie du side-car de Julien, puis l'humour noir poussé à son comble par le lynchage et la mort accidentelle d'un pauvre hère commis sous le regard complice de fêtards repus dans *L'eau chaude l'eau frette*. Les gestes décalés ne cessent de se confondre avec le banal sans que le groupe s'en trouve fragilisé. Comme si la cohésion sociale de ce groupe était plus importante que les dérives de chacun, et que cette cohésion tacite était même le seul rempart contre ce qui, de l'extérieur, menace l'existence précaire de ces communautés populaires à la liberté souveraine. Que ce soit monsieur Croteau de *L'eau chaude l'eau frette*, aux manières empruntées et grandiloquentes, ou, beaucoup plus tard, Bob Garrigues, le narcoleptique survolté d'*Acapulco Gold*, ce n'est qu'aux yeux du spectateur que leur comportement peut paraître décalé. Même des anomalies aussi extrêmes que celle du cyclope et celle des quatre bras d'Angèle Temporelle, entraperçus à la fin de *La comtesse de Baton Rouge*, ne troublent pas ceux qui fréquentent ces êtres. L'albinos aux allures de clochard excentrique, à la chevelure hirsute, accoutré d'une «pelure blond hépatite avec des bras constrictors», fraye avec les Dragons du quartier; Paula Paul, la femme à barbe, subjugue tous les hommes; tandis que Bob Garrigues, qui n'a pourtant rien de religieux, est fier d'annoncer que son garçon est le fils de l'Esprit saint lorsqu'il apprend que celui-ci... n'a pas d'ADN!

Ce monde est bel et bien le nôtre, mais poétisé et revitalisé par le regard d'un homme épris de la vie. Dans ce monde-là, personne n'est laissé pour compte simplement parce que la normalité ne fait pas partie de lui. Même alcooliques, «bons à rien» ou un peu benêts, les êtres qui parcourent les films ne sont en rien stigmatisés. Aucun personnage ne se trouve coupé de tout ni de la société dans laquelle il s'inscrit – si ce n'est peut-être le protagoniste des *États-Unis d'Albert*, qui a quelque chose d'un *lonesome cowboy* et apparaît en cela curieusement étranger au reste de l'œuvre. Car de film en film, invariablement, l'existence de chacun dépend toujours de la place qu'il occupe au sein d'un groupe qui le reconnaît comme sien.

Déjà moins présente dans *Kalamazoo*, la communauté commencera clairement à se disloquer dès *Le vent du Wyoming*, et ne retrouvera pas l'importance qu'elle avait dans les premiers films avant *Je me souviens*. Sans jamais s'effacer, les liens affectifs deviennent plus difficiles à maintenir. La jeune Léa du *Vent du Wyoming* se dit délaissée, incapable d'être aimée («Est-ce que j'suis une roche?» demande-t-elle à sa mère), et en vient à choisir de partir, de s'évader au Wyoming. Par cette rupture, elle se détache de son milieu d'appartenance en train de se déchirer sous ses yeux : sa sœur, avec laquelle elle entretient des rapports cruels, traque de façon obsessive Chester Céline, écrivain français de passage à Montréal que Léa, elle, appâtera sans difficulté. Pendant ce temps, leur mère vit une liaison avec un jeune boxeur «volé» à Léa, au grand désespoir du père prêt à tout pour récupérer sa femme, allant jusqu'à recourir aux services d'un hypnotiseur, le Grand Albert, follement épris de Léa qui, elle, abuse sans ménagement de l'emprise qu'elle a sur lui. Cet imbroglio amoureux fait éclater les liens entre les personnages jusqu'à les mener à un point de non-retour : la «fuite» de Léa avec Chester, prisonnier d'un état d'hypnose dont le Grand Albert, se disant victime du «syndrome de Chicago», ne parvient plus à le tirer;

la mère partie à Cacouna avec son jeune boxeur ; la sœur de Léa recluse dans un couvent ; le suicide du père. On perçoit l'ampleur de la dissolution de la communauté à la manière dont le film, de séquence en séquence, entraîne les personnages vers le chaos, jusqu'à la fin complètement délirante, qui laisse envoûtés et littéralement hors du monde non seulement Chester, pris dans un pugilat imaginaire sans fin, mais aussi le bataillon d'hommes venus annoncer à Léa la mort de son père, emportés dans une interminable procession dans le bar du Motel Oscar, scandant telle une incantation : « À la mort du soldat inconnu. » Plus rien ne tient, tout se dérègle et s'enraye, jusqu'au coup de poing final que Chester, égaré dans son délire hypnotique, décoche à Léa, celle dont il est pourtant amoureux. Vraiment, plus rien ne tient… sinon l'exubérance amoureuse de la mère qui, à 50 ans, quitte famille et amis pour la grande aventure.

Dans le film suivant, *La comtesse de Baton Rouge*, Paula Paul quittera tout elle aussi. Elle rompt les amarres avec la communauté du parc Belmont, animée par le rêve d'en fonder une nouvelle réunie autour du Circus of Happiness, dans les bayous de la Louisiane. Sans que cela soit explicitement exprimé, on perçoit que quelque chose s'est éteint pour cette confrérie foraine, s'est corrompu avec le temps, alors que Rex Prince, cinéaste néophyte, doit lui-même affronter la fin d'un monde, tel que le suggèrent les mots empruntés à Patrice Desbiens, dont il fait la lecture : « dehors c'est encore la même ville, et tout est fini, et tout est à recommencer ». Durant les années qui séparent le début et la deuxième partie du film, Rex devra affronter la fin d'une manière d'envisager l'art du cinéma, dont le personnage du vieux monteur Édouard Doré, ce poète-magicien de la pellicule, est le gardien. Il n'est pas difficile de voir pourquoi Forcier a mis à l'écran son double (jusque dans la ressemblance physique) incarné par Rex Prince, voyant combien son cinéma, héritage de Georges Méliès, tient en partie des arts forains et d'un savoir-faire artisanal. Constamment entraîné par des courants contraires, le film est empreint d'une grande tristesse et laisse apparaître une blessure plus aiguë que celle que l'on voyait poindre dans la mélancolie des films antérieurs. Au moyen d'une forme en apparence chaotique, mais qui est en réalité d'une précision et d'une cohérence redoutables, Forcier semble chercher à s'évader par quelque trouée d'un réel plus inhospitalier que jamais.

C'est avec *Acapulco Gold* et *Les États-Unis d'Albert* que la communauté atteindra le point ultime de cette dissolution, n'existant plus qu'à l'état fantomatique ou de latence, telle une énergie unificatrice diffuse courant sous la surface d'un monde plombé par la solitude des cœurs. La métaphore de la traversée du désert des *États-Unis d'Albert* est à ce titre on ne peut plus éloquente… Mais ce désert est néanmoins sillonné par un train – celui qui mène Albert vers Hollywood où il rêve de rencontrer Mary Pickford – à bord duquel une solidarité se profile dans le combat de Norton Barnett, le bagagiste noir, engagé dans la Confrérie des porteurs, et celui de Grace, féministe mormone à l'énergie charismatique, qui milite pour la polyandrie au sein de la Ligue de la jarretelle. Or, déjà dans *Acapulco Gold*, la référence aux groupes d'entraide à travers l'invention des Narcoleptiques anonymes, aussi moqueuse soit-elle, était là pour rappeler que, au-delà de toutes les quêtes individuelles au nom desquelles la collectivité se trouve sacrifiée, subsiste toujours la chaleur de la fraternité humaine. Il faut se rappeler également que le désert des *États-Unis d'Albert* est habité par Hannah, l'hôtelière polonaise qui, avec son bel accent ashkénaze, accueille les voyageurs errants, et par son mari, Noah, juché depuis 768 jours dans une arche fixée au bout d'un mât dans l'espoir de battre le record mondial d'endurance. C'est là, dans ce non-lieu où l'on n'est « nulle part et partout à la fois », tel que le dira Jack Dekker, le golfeur du désert, que tout se résoudra dans un *happy end* aux allures de clin d'œil au cinéma des années 1920 (époque à laquelle se situe le film), qui réunit ceux que le destin semblait vouloir séparer. On voit comment la trace des liens fraternels demeure présente en creux même durant ces années où ils se sont délités, puissance invincible plus tenace que ce qui, un temps, a éloigné ce cinéma de son ancrage social.

C'est pourquoi, après quinze ans de déliquescence, la communauté pourra réapparaître en force avec *Je me souviens*, au point d'y devenir le moteur de l'action. En faisant des solidarités qui se nouent entre les membres des familles de mineurs abitibiens le cœur même de son film, il donne une voix et une existence sociale et politique aux travailleurs. Mais il nous plonge également dans un pan de l'histoire qui a été évacué de notre cinéma de fiction et de notre mémoire, celui des mouvements syndicaux portés par les idéaux communistes et révolutionnaires, et rappelle que c'est aussi de ces solidarités-là que nous venons, d'une forme d'entraide familiale et communautaire – n'évacuant pas pour autant les conflits fratricides – qui prend avec ce film la couleur d'un appel à la libération d'une énergie vitale quasi absente de notre société atomisée. C'est cet engagement-là que *Coteau Rouge* fera renaître en prêtant aux habitants du quartier la force combative et rebelle nécessaire pour résister aux spéculations d'un promoteur immobilier véreux. Résistance joyeuse, pleine d'invention et de fantaisie, qui a tout de l'esprit d'insoumission propre au cinéma de Forcier.

Ce pouvoir de résistance qui embrase la communauté, qui défait et refait sans cesse les liens, se révélera à nouveau dans *Embrasse-moi comme tu m'aimes*, dans l'entrelacement explosif de personnalités contraires reliées par le réseau de récits qui se déploient tout au long du film. Partant de Berthe Sauvageau, jeune femme prisonnière d'un fauteuil roulant, et de Pierre, son frère jumeau dont elle est amoureuse jusqu'à le retenir captif, sera campée à leurs côtés une mère modiste, veuve frivole passée maître dans l'art d'enrubanner les chapeaux aussi bien que dans celui d'embobiner les hommes… et particulièrement Elio, le prétendant de sa fille. L'histoire de cette famille, saisie le temps de quelques semaines de l'année 1940, alors que la Deuxième Guerre mondiale fait rage en Europe, croisera celle des Saint-Germain : une mère ayant consacré sa vie «au service des riches», un père alcoolique qui viole sa plus jeune fille avant d'être tué par l'aînée (à coups de fer à repasser !), son corps jeté dans le fleuve par le fils… On trouve ici en concentré ce mélange de révolte et d'abnégation propre depuis toujours aux personnages de Forcier, desquels rayonne une forme d'insoumission. La fille aînée, Marguerite, refusera le métier de «maîtresse d'école» auquel elle se destinait, comme elle refusera de se marier lorsqu'elle comprend que son fiancé attend d'elle qu'elle élève une «équipe de baseball au grand complet», choisissant plutôt de s'inscrire à l'université en sciences sociales, économiques et politiques, parce que «J'veux une vie», dit-elle. Mais le meurtre de son père (geste symboliquement puissant s'il en est) fera d'elle une fugitive, qui partira se «perdre dans la nature» aux États-Unis pour échapper à la justice. Ce ne sont là que quelques-uns des protagonistes depuis lesquels se propage tout un maillage narratif formé par une multitude de personnages qui, tous ensemble, composent cette communauté contrastée, anarchique, réunie dans une association de forces dissonantes. Communauté beaucoup plus ample et vivante, parce que mouvante, que celle qui serait endiguée par la quête d'une totalité sociale homogène – ce fantasme fusionnel qui revient en force dans nos sociétés néoconservatrices.

Lieux de passage. Lieux mythiques

C'est dans les différents espaces de rassemblement qui marquent l'œuvre de Forcier que la communauté a longtemps trouvé ses points d'ancrage. Du bar tenu par Charles, établissement en déclin dans lequel se retrouvent quelques rares habitués (*Bar Salon*) au salon funéraire qui réunit les membres d'une famille dans *Night Cap*; de la buanderie tenue par Carmen, la maison de chambres, le snack-bar du coin servant de point de ralliement aux habitants du quartier de *L'eau chaude l'eau frette* au night-club d'*Une histoire inventée* et du *Vent du Wyoming*, tous ces lieux symboliquement forts permettent de saisir une dimension plus essentielle de ce qui lie les personnages entre eux, devenant les révélateurs de ce qui à la fois les emprisonne et leur donne une raison d'être.

Par conséquent, le bar-salon tenu par Charles est davantage que le cadre où s'incarne la fiction. Il devient le nœud central de l'histoire qui permet à l'arrière-plan social de se révéler : la misère économique de Charles, qui a hypothéqué sa maison pour sauver son établissement et se trouve sur le point de tout perdre, s'enfonçant de plus en plus dans une voie sans issue qui demeure pourtant son seul espoir d'améliorer son sort. Mais ce lieu permet aussi de voir défiler une galerie de personnages que forment les derniers fidèles clients du bar : quelques bums du quartier, Robert le chauffeur de taxi, deux policiers, le major Cotnoir, séducteur d'un autre âge prenant de grands airs avec Leslie, indécrottable alcoolique, qui le repousse sans ménagement.

Dans *Night Cap*, sans doute le film le plus corrosif avec *L'eau chaude l'eau frette*, une veillée dans un salon funéraire s'offre comme le cadre parfait pour dresser un portrait on ne peut plus mordant d'une famille de la Rive-Sud de Montréal, typiquement québécoise de surcroît dans ce qu'elle offre de contrastes entre ses personnalités les plus modestes, teintées de pieuses résignations ou affligées par leur existence, et les tempéraments plus flamboyants. On y tient auprès du cercueil des propos allant de considérations sur l'allure du mort («Y l'ont ben arrangé, y'a l'air naturel»), sur l'apparence de la nièce, qui «a l'air ben moins commune qu'avant», à une remarque obséquieuse au sujet du boss anglais («au moins, eux autres, ils nous payent, pis y font pas la grève»), puis à l'évocation d'un piquenique au parc Belmont. La pétulante Theresa, chiromancienne à ses heures, aborde une jeune parente en lui déclarant : «J'te f'rais ben l'amour, mais t'es ma cousine, j'peux pas ! » et se présente à elle comme un «vrai mastodonte de l'amour»; la femme du défunt se fait offrir en douce des «pilules pour les nerfs» prescrites par un docteur qu'elle considère comme «ben bon pour les femmes»; le frère du mort, exceptionnellement sorti de prison pour l'occasion, escorté par un agent de police, s'agenouille devant le cercueil pour dire le *Je vous salue Marie* en s'allumant une cigarette. Ces paroles et ces situations qui se succèdent sans répit cernent avec acuité la société de l'époque. En faisant de ce lieu, qui rassemble une collectivité polarisée sur le noyau familial, le centre du film, *Night Cap*, en 36 minutes, présente une véritable radiographie du Québec populaire, aux côtés duquel figure un Québec non moins populaire : celui des nouveaux riches, grossiers et empêtrés dans de fausses bonnes manières. Du salon funéraire, le film se déplace ainsi vers une résidence cossue de Saint-Lambert où se déroule une réception de Noël. Ce sera l'occasion pour Forcier de croquer pour la seule et unique fois dans son œuvre (du moins jusqu'au récent *Coteau Rouge*, mettant en scène un entrepreneur véreux) ce milieu fortuné qu'est celui de la pègre de la Rive-Sud, montré comme une petite société de parvenus imprégnée d'une culture du crime et de l'escroquerie. La réception se tient chez le propriétaire d'une agence de recouvrement («Collection Agency», tel que l'indique l'écriteau sur la porte de sa résidence), qui double ses activités d'une agence d'hôtesses («moins chères si on les loue à la semaine»), dont les méthodes ne semblent pas plaire, si on en juge par la mise en garde de celui qui avertit le fils du patron que «la prochaine fois, ce ne sera pas du sucre qu'on va mettre dans [son] moteur». On sent comment les quartiers de la Rive-Sud, tout en se développant, ont conservé quelque chose de leur culture propre et de la sauvagerie qui avait vu naître Ville LeMoyne et Coteau-Rouge, ces espaces incontrôlés et indisciplinés dont les habitants ont fixé peu à peu les règles… avant que le pouvoir de l'argent ne vienne les transformer.

Parmi ces autres lieux de prédilection accueillant les âmes esseulées, on trouve bien sûr les boîtes de nuit, au sein desquelles les personnages laissent s'échouer leur tristesse, y cherchant le réconfort d'un être compatissant, d'une musique teintée d'un chagrin s'accordant à celui qu'ils traînent avec eux… et même celui d'un hypnotiseur qui leur propose d'«oublier leur drame avant le *last call*». Mais il y a évidemment la maison de chambres de *L'eau chaude l'eau frette* et le Moonshine Bowling d'*Au clair de la lune* immortalisés par le portrait tendre et mordant de ceux qui les fréquentent et qui, dans l'imaginaire du cinéma québécois, élèvent ces endroits au rang de lieux mythiques. Regroupant une petite société bigarrée composée de gens de tous âges, la maison de chambres devient propice à d'explosifs chassés-croisés à travers lesquels s'expriment les rancunes, les peines, les attirances rarement partagées, les drames amoureux livrés au regard de chacun, dans cet espace où les murs ont des oreilles et ceux qui y vivent, le cœur chargé de dépit. Le banquet qui s'y organise en l'honneur de Polo, le *shylock* du coin, donnera ainsi libre cours à d'innombrables discordes et embrouillaminis, et ne manquera pas de se transformer en une fête macabre sur la terrasse de l'édifice surplombant une intersection de Montréal (le film a été tourné au coin des rues Saint-Denis et Rachel) et, croirait-on, la ville entière. Comme si, tandis que culmine la fête et que le quartier sommeille, toutes les pulsions primaires pouvaient s'exacerber sans retenue : avidité, haine, cruauté, rivalités, obscénité et infinis débordements. Cette terrasse suspendue, où pour un temps tout interdit se trouve aboli, devient le théâtre de ce dont l'homme peut être capable, mélange d'élan du cœur et de monstruosité, chacun pouvant espérer gagner ce qui lui fait défaut : l'attention de monsieur Croteau pour mademoiselle Vanasse, le prestige aux yeux de Polo d'un organisateur hors pair pour monsieur Croteau, l'amour de Carmen pour Julien. Dans cet espace de liberté qu'est la fête, qui met momentanément entre parenthèses la vie réelle, certains sont prêts à jouer le tout pour le tout afin d'arracher au destin ce dont ils rêvent le plus : moment de gloire ou espoir de l'amour.

Le bowling d'*Au clair de la lune* représente un semblable lieu de conquête, ou de reconquête imaginaire pour Bert, qui rêve de retrouver le titre de champion de quilles qu'il avait détenu quelques années auparavant, avant que l'arthrose ne s'empare de ses mains.

Cet endroit lui offre le seul moyen dont il dispose pour accéder à la notoriété, même locale, à laquelle il aspire, lui qui espère découvrir le secret qui lui attribuerait une illustre lignée en s'inventant «chaque soir un ancêtre juché dans un quelconque arbre généalogique», comme Frank le dit de lui. Le Moonshine Bowling et ses abords apparaissent d'ailleurs tel un petit royaume au sein duquel chacun essaie de briller comme il le peut aux yeux des autres. L'albinos s'invente un don de guérisseur pour s'attirer le respect de Bert, lui faisant miroiter la possibilité de le guérir de son arthrose; Ti-Kid Radio, sur sa vieille bécane qu'il enfourche tel un bolide, cherche par tous les moyens à mettre la main sur le «maniaque» qui «pète tous les *tires* du coin», rêvant de devenir le héros du quartier; la jeune Léopoldine, elle, est prête à tout pour régner en maître absolu sur le cœur de son père, duquel elle se sent délaissée depuis qu'il fréquente une blonde confiseuse, cherchant à sauver de la faillite le *tire shop* familial en passant ses nuits à crever des pneus. Conséquence : les Dragons de l'enfer, les durs à cuire qui contrôlent le quartier par la force de leurs bras, continuent de rôder autour du salon de quilles, mais dans leurs vieilles «minounes» sans pneus répandant une pluie de flammèches.

Chez Forcier, ce sont les lieux qui appellent les personnages, et non l'inverse. Malgré leur côté fantaisiste, les figures excentriques sont nées de la réalité, nées des rues et des quartiers dans lesquels ils sont solidement ancrés. Et, s'ils prennent parfois un caractère irréel, ou surréel, c'est qu'ils sont plus vrais que nature, et que, comme le dit lui-même le cinéaste, ils ne sont pas une invention, mais une « éclosion du réel[1] ». Celui-ci n'invente pas un décor dans lequel camper des personnages issus de son imagination ; ceux-ci sont si intimement liés au cadre dans lequel ils prennent vie qu'ils ne font qu'un avec ce dernier dans le regard du spectateur, et cela, depuis les bars de Charles et de Larry Létourneau dans *Bar Salon* jusqu'au village minier de *Je me souviens*, puis aux rues parsemées de petites maisons ouvrières d'*Acapulco Gold* et de *Coteau Rouge*.

Il n'est d'ailleurs pas étonnant qu'en même temps que s'étiole le principe de communauté, les lieux symboliquement marquants, qui agissent telle une force centripète sur ces collectivités, ont eu tendance à disparaître, sinon à avoir un rayonnement moins important. Les zones autour desquelles gravitent les personnages deviennent lieux de passage dans des films dont les titres mêmes évoquent l'idée d'évasion, d'un départ vers d'autres horizons : *Kalamazoo*, *Le vent du Wyoming*, *La comtesse de Baton Rouge*, *Acapulco Gold* et *Les États-Unis d'Albert*.

Si ces pôles magnétiques avaient déjà perdu de leur pouvoir de rassemblement dans *Kalamazoo*, alors que plus rien ne rattachait les personnages de Cotnoir et de Globenski à leur ville, à un quartier, obsédés qu'ils étaient par l'idée d'aller rejoindre la femme désirée, ils retrouveront momentanément leur fragile pouvoir dans *Le vent du Wyoming*, film dans lequel ces points de ralliement existent toujours (le club de boxe, le Motel

---

1. Entretien avec André Forcier au sujet de *La comtesse de Baton Rouge*. Propos recueillis par Philippe Gajan et Marie-Claude Loiselle, *24 images*, n° 87, 1997, p. 10.

Oscar) bien que pèse sur eux une mélancolie qui annonce leur fin prochaine : Marcel perd son club et on imagine que le bar du motel ne survivra pas longtemps au départ de l'hypnotiseur. Le film suivant, *La comtesse de Baton Rouge*, est tout entier orienté vers le territoire rêvé, la Louisiane, où Paula Paul part refaire sa vie, même si la multitude de lieux de passage qui s'y succèdent ont tous une présence puissante. Avec *Acapulco Gold* et *Les États-Unis d'Albert*, il n'y a plus que décentrement et errances. Le personnage d'Albert se révèle sans liens d'appartenance et comme aspiré par des espaces pour la plupart impersonnels (train, gares, plaines, désert), tandis que Bob Garrigues, déstabilisé lorsqu'il apprend que son jeune garçon pourrait être le fils… d'Elvis Presley (cet homme rencontré quelques années plus tôt avec sa femme et qui se cachait derrière l'identité du colonel Éternel), part dans un hôtel à Acapulco rencontrer un producteur hollywoodien à qui il confie son histoire. Ce lieu anonyme ne définit aucunement les protagonistes, pas plus que le Mexique qui apparaît le plus souvent comme une abstraction, aussi vague que l'indétermination qui engloutit la vie et les pensées de Garrigues. Nul besoin d'insister sur le fait que nous sommes ici à mille lieues du drame psychologique. Le doute qui tourmente le personnage déclenche une série de quiproquos qui lui fait perdre contact avec le monde, ce qu'accentue encore davantage l'état de flottement qu'entraîne le fait d'être plongé brusquement et à tout moment dans le sommeil. Mais les quiproquos vaudevillesques du film se détachent sur un sombre fond qu'il ne faut pas trop prendre à la légère lorsque Garrigues déclare, reprenant les paroles du colonel Éternel, que «le monde croule». Le film entier est emporté dans une sorte de spirale où tout se détraque et dérape, où les certitudes se trouvent mises à mal – sauf celle, scientifiquement vérifiée, que le fils de Garrigues n'a pas de matériel génétique –, ce qui n'est pas étranger au dérèglement du monde lui-même. Et si la dépersonnalisation des lieux s'accorde à l'incertitude qui plane sur le personnage, celle-ci accentue également ce qui se délite dans les communautés. Pourtant, la fin d'*Acapulco Gold*, montrant Proutt faisant la paix avec son père en s'adonnant aux plaisirs du jardinage, annonce déjà la possibilité de ressouder les liens rompus entre les êtres, liens qui seront fermement reconstruits dès le film suivant, *Je me souviens*, puis *Coteau Rouge*.

Je me souviens représente de ce point de vue un retour à un centre magnétique déterminant, à cette force d'attraction du lieu qui englobe et imprime son empreinte sur les personnages, et permet de souder un groupe. On remarque que le village minier dans lequel se déroule l'histoire est sans mémoire pour les travailleurs qui s'y sont installés – alors même que le titre nous parle du fait de se souvenir –, une agglomération nouvelle construite de toutes pièces pour accueillir les déracinés d'autres régions venus dans le seul but d'y gagner leur vie. Et pourtant, c'est dans ce cadre apparemment sans âme que s'établissent de nouvelles solidarités fondatrices pour cette petite société hétérogène, la mine devenant le ferment d'un combat syndical porté par un idéal communiste vigoureusement progressiste – mouvement bel et bien vivant dans les années 1950, quoique ignoré par le cinéma québécois à prétention

« historique ». C'est là aussi que les velléités indépendantistes de Liam, le bel Irlandais, trouveront dans le fin fond de l'Abitibi une terre d'accueil fraternelle. L'Église, dont on a tant dit qu'elle tenait à cette époque le Québec entier d'une main de fer, malgré ses tentatives d'user ici de son influence sur les mineurs, perd son emprise sur cette société excentrée venue trouver au loin, dans un coin de pays où tout est à construire (un peu comme dans la Ville Jacques-Cartier et le Coteau-Rouge d'autrefois), un espace de liberté qu'elle préserve jalousement, et même avec une certaine insolence. Une liberté dont Forcier n'a pas manqué de tirer de puissants ressorts dramatiques – intrigues, libertinage, manigances – dans lesquels on reconnaît tout l'humour irrévérencieux de son cinéma.

Le peuple indomptable

Amiral et colonels fantasques[2], tendres esseulés en quête d'amour ou d'amitié, artistes plutôt forains qu'illustres personnalités, amoureux à la dérive, ouvriers, vagabonds, les personnages qui peuplent l'univers

2. Les figures de policier, de major, d'amiral, de colonel, qui reviennent dans *Bar Salon*, *L'eau chaude l'eau frette*, *Kalamazoo*, *Le vent du Wyoming*, *Acalpulco Gold* (Elvis Presley caché derrière l'identité du colonel Éternel), ne sont pas étrangères au fait que le père d'André Forcier était policier. Dans le plus récent film, *Embrasse-moi comme tu m'aimes*, on trouve non seulement les personnages du sergent Boileau et du capitaine Turgeon, mais aussi celui de Pierre, directement inspiré d'anecdotes de la vie du père du cinéaste. Voir « André Forcier en 25 fragments » à la p. 139.

d'André Forcier, qu'ils soient extravagants ou des plus communs, sont tous à leur manière des êtres non conformes. Naviguant dans cette zone frontière hors des normes sociales établies, leur réalité n'est jamais définie en s'appuyant sur les traits psychologiques des personnages. Bien que placés dans un cadre réaliste, ceux-ci sont portés par une forme d'irrationalité débordante, qui pourrait laisser croire à de la naïveté, mais qui n'est que l'autre visage de leur magnifique inconvenance. Ils ont une certaine « rondeur », pourrait-on dire, ne s'embarrassant pas des détails qui viendraient guider leurs motivations ; ce qui ne les rend pas moins complexes pour autant, traversés qu'ils sont par une foule de sentiments contradictoires. Ce n'est donc jamais la psychologie qui fait avancer le récit, mais les péripéties qui, en se succédant, façonnent les personnages et les transforment d'une scène à l'autre, les entraînant dans un mouvement commun auquel ils ne peuvent se soustraire. Aucun d'entre eux ne pourrait exister sans les autres, aucun n'aurait de sens sans ce qui le lie à tous ceux qui forment la communauté à laquelle il appartient. Il n'y a qu'à penser aux personnages d'*Embrasse-moi comme tu m'aimes*, ou aux êtres errants de *La comtesse de Baton Rouge* et des *États-Unis d'Albert*, qui ne seraient rien sans ce qui les rattache à ces sortes de météores qui traversent le paysage de leurs odyssées : Nuna Breaux, le dresseur de chiens, Dudley Fuselier ; Jack le golfeur du désert, Hannah l'hôtelière, Noah l'Ulysse arizonien. Chaque personnage trouve ainsi son caractère propre qui le définit par rapport à l'ensemble des figures qui s'imbriquent les unes dans les autres pour composer l'univers du film.

C'est par ailleurs l'aspect physique des personnages qui offre la première porte d'entrée dans le récit. Bien que celui-ci conservera longtemps une valeur quasi documentaire très près du néoréalisme, il laissera place peu à peu à une dimension nettement plus fantaisiste, sans jamais pourtant que ce l'on pourrait qualifier d'« instinct documentaire » ne cesse d'orienter le regard que pose Forcier sur les figures auxquelles il donne vie. Malgré leurs caractéristiques peu communes ou ce qu'elles affichent d'extravagant – que l'on pense au corps lourd de Guy L'Écuyer, à sa bouille tendre au regard candide, à l'allure efflanquée et hagarde de Jacques Marcotte, à la présence sensuelle et volcanique de France Castel, à l'air faussement benêt de Gaston Lepage, à la dégaine insolente et néanmoins vulnérable de Céline Bonnier –, il est clair que c'est ce qu'elles offrent de plus violemment vrai qui intéresse le cinéaste, et que l'apparence singulière des personnages permet avant tout de laisser jaillir d'eux cette part de vérité qui rend chacun unique. Tous ces signes extérieurs ne font d'aucune façon écran à ce que les êtres portent en eux. Au contraire, ils contribuent à exacerber la tragédie qui se joue à chaque instant devant nous. Corps rondelet perclus d'arthrose ou silhouette musclée du boxeur, cœur d'enfant branché sur un stimulateur cardiaque ou cellules sans ADN, jeune femme obèse qui se métamorphose en svelte déesse nourrie aux amphétamines pour séduire l'auteur de ses rêves ; une autre, faunesse aux jambes paralysées qui se transforme en redoutable danseuse dans les fantasmes de son frère ; mais également : albinos, femme à barbe, sirène, mère portant l'enfant de sa fille qui ne veut pas voir son corps déformé par une grossesse (!). Le corps et sa présence exubérante deviennent un élément dramatique des films qui, souvent, joue le rôle de révélateur dans ce qui noue et anime les liens sociaux. Ainsi, de film en film, c'est un tableau de la condition humaine qui se dessine en filigrane de ce tourbillon de passions et de drames qui s'entrechoquent sans relâche, dont la cruauté n'a d'égal que la tendresse que Forcier nourrit à l'égard de ceux qu'il filme.

Si on ne trouve aucune trace de misérabilisme dans l'univers du cinéaste, c'est que jamais celui-ci n'a perdu, face au monde et aux hommes, cette formidable candeur qui l'anime depuis ses premiers films. Il a beau se heurter sans relâche à la difficulté de vivre ensemble en ce monde, il se garde d'opposer optimisme et pessimisme, persistant malgré tout – et surtout malgré le cynisme triomphant actuel – à placer sa confiance en l'homme grâce à l'amour que, fondamentalement, il lui porte. Hommes et femmes composent une faune attachante, au-delà de leurs faiblesses et de leurs travers, que le cinéaste ne manque jamais de souligner avec férocité. S'ils peuvent se montrer manipulateurs, lâches, égoïstes, impitoyables (voir la rivalité qui oppose Léa et sa mère dans *Le vent du Wyoming*), ils conservent toujours cette part de vulnérabilité et même une grandeur d'âme qui les préservent de toute stigmatisation. Forcier ne crée aucune hiérarchie, aucune catégorisation entre les personnages et, loin de se poser en juge, il place son regard à la même hauteur qu'eux, qu'il soit face aux phallocrates véreux que sont Larry Létourneau, propriétaire du *grill* dans *Bar Salon*, et Polo, le *shylock* de *L'eau chaude l'eau frette*, ou devant tous ces rêveurs débonnaires qui sont ses figures de prédilection. S'il ne cache pas leur bassesse, il leur voue une affection sans bornes, sans les excuser ni les accuser.

Dans le cinéma contemporain, rares sont les œuvres qui sont à ce point aiguillées par la voix d'une tendresse intérieure. Or, sur ce point, s'il est un cinéaste dont on pourrait rapprocher Forcier, c'est bien Aki Kaurismäki, dont les personnages appartiennent à la vaste communauté des oubliés de ce monde, que le cinéaste finlandais considère comme des « artistes de la dignité ». Dans un élan solidaire et fraternel, il nous prend pour témoins de leurs douleurs autant que de leurs rêves, de leurs désirs et de leurs aspirations, aussi modestes soient-ils. Malgré la brutalité du monde auquel les personnages sont livrés, jamais ces cinéastes ne les abandonnent à leur sort pour les observer de haut ou à distance. On reconnaît chez eux la même extrême délicatesse à l'égard de ceux qu'ils filment, le même regard que l'on pourrait qualifier d'amoureux. Face à la perte du bar-salon de Charles, face à la quête désespérée d'amour de tant d'autres personnages, Forcier veut croire avec eux que quelque chose est possible, contre toutes les fatalités qui les affligent, et même lorsque la mort se présente comme la seule issue. La vie se révèle alors plus forte que la disparition d'un des protagonistes et continue d'entraîner ceux qui restent dans un élan parfois sans objet précis, mais qui agit tel un antidote à ces malédictions. Le meilleur exemple demeure la fin à la fois terrible et magnifiquement ouverte de *L'eau chaude l'eau frette* où, après le suicide de Julien, les deux jeunes adolescents, ivres de liberté, partent en cavale sur le side-car de leur ami qui vient de mourir. Au-delà de tous les désespoirs, une allégresse plane sans cesse, présente dans un ensemble de petits riens, car c'est à la part de dignité et d'irréductible liberté qui persiste dans chaque être humain que s'attache la sensibilité du cinéaste. Surtout dans sa première période, nous ne sommes jamais loin du Pasolini d'*Accattone* et de *Mamma Roma* dans cette manière d'élever les personnages issus des classes les plus modestes au-dessus des seules considérations triviales, de hisser leur destin anodin au rang de tragédie à la portée universelle. En cela, Forcier offre à ces vies sans histoire la place qui leur revient dans la grande destinée humaine.

3

Entre tragédie et burlesque

Une œuvre funambule

Un des aspects les plus notables des films d'André Forcier est leur manière de laisser libre cours à l'affrontement de forces contraires. La tragédie y côtoie constamment la parodie, le surréel émane du réel et le sublime du grotesque, l'exaltation n'y est jamais étrangère à la mélancolie ni l'humour au désespoir. Cette structure, basée sur une constante dualité, n'est ni un principe ni une véritable opposition tant elle s'impose naturellement. Elle s'appuie sur des forces à l'œuvre dans le réel pour garder la fiction dans un état de tension afin de maintenir un équilibre entre ce que l'on pourrait croire sans cesse sur le point de se rompre et un ancrage dans la complexité de la nature humaine. Ces deux forces sont à ce point indissociables qu'aucun film ne peut être envisagé sans cette dynamique. La façon dont ces forces s'arriment est d'ailleurs ce qui a très tôt permis aux scénarios (disons, dès *Bar Salon*) d'acquérir une netteté dans leur construction – netteté qui, parce que soumise à aucune rigidité, n'apparaît pas toujours au premier regard – venant cimenter un univers en apparence éclaté.

C'est que chaque film tire sa force du décalage entre le caractère tragique des situations qu'il présente et la désinvolture avec laquelle elles s'offrent à nous, comme si le cinéaste envisageait les drames qui se jouent avec légèreté, et les détails et situations les plus cocasses avec gravité, leur accordant leur poids de vérité. L'essentiel repose sur des moments saisis sur le vif, car malgré tout ce qu'il peut y avoir d'écrit et d'orchestré, ces moments appartiennent à la pure présence des comédiens (que ce soit celle, récurrente, de Guy L'Écuyer, Jacques Marcotte, Gaston Lepage, Tony Nardi, France Castel, Roy Dupuis, Céline Bonnier), à leur énergie et à ce qu'ils apportent d'impondérable, impulsés par ce qui leur est propre. Mille éclats de vie éphémères surgissent ainsi inopinément pour vivifier l'ordinaire du quotidien. C'est pourquoi ce qui se dessine de film en film revêt un aspect des plus familiers en même temps qu'exceptionnel, le cinéaste ne perdant jamais de vue les singularités logées au cœur même du réel.

Tout en demeurant profondément empreint du caractère tragique de l'existence, le cinéma de Forcier, à travers ce qu'il emprunte à la vie, a toujours frayé avec le carnavalesque, et même souvent avec le burlesque qui, ici, plonge directement ses racines dans le cinéma des premiers temps. Cette filiation se reconnaît jusque dans la manière dont les situations inusitées se déploient pour donner naissance à des saynètes pratiquement autonomes à l'intérieur des films. Nous n'avons qu'à nous rappeler le cuisinier du *delicatessen* d'*Au clair de la lune* qui provoque un attroupement devant sa vitrine en tentant d'ouvrir un pot de poivrons marinés ; cette rue du centre-ville qui se transforme en bowling à ciel ouvert lorsque Léa fait littéralement *tomber* Chester Céline amoureux d'elle en lui fauchant les jambes à l'aide d'une boule de quilles (*Le vent du Wyoming*) ; le cimetière d'*Une histoire inventée* où, pendant que les «pleureuses à gages» se lamentent, s'installe le chaos entre ceux qui s'étreignent, s'embrassent, se battent, les uns mêlés aux autres jusqu'à transformer la fin du film en western vaudevillesque. Dans ce recours à un comique outré, nous ne sommes parfois pas très loin du mauvais goût (certes assumé), comme avec les policiers caricaturaux et les apparitions du fantôme de Jane Pickford (interprétée par une Andréa Ferréol survoltée) dans *Les États-Unis d'Albert*, la surenchère clownesque de Hank Sturzberg et de Bob Garrigues dans *Acapulco Gold*, de même que celle du sergent Boileau dans *Embrasse-moi comme tu m'aimes*, car cette outrance appartient à un univers qui ne se prive d'aucun excès. Tous ces moments où la parole cède sa place à la gestuelle savent ce qu'ils doivent aux procédés comiques du cinéma muet, et plus précisément au burlesque – ce qu'évoquent les fermetures à l'iris utilisées dans *Kalamazoo*.

On remarque comment une infinité de détails de la mise en scène viennent à tout moment perturber le déroulement du récit pour provoquer un désordre inextricable. Sur ce plan, *L'eau chaude l'eau frette* est certainement le film qui porte le plus loin ce principe en filmant une foule rassemblée pour célébrer l'anniversaire de Polo. Grisés par l'alcool et la frénésie de la fête, les invités s'engagent dans une farandole qui poussera l'excitation à son point ultime, le meurtre d'un innocent – dérapage lugubre qui constitue le climax de la soirée pour les fêtards en mal de distractions. En installant peu à peu un désordre délirant, les micro-événements qui ponctuent la soirée permettent d'arriver à cette issue où la mort d'un homme apparaît comme un incident parmi d'autres au sein de la tragédie qui se joue sous des dehors carnavalesques. Ce qui vient bousculer l'ordre des choses, c'est également Félix Cotnoir qui, roulant distraitement au volant de sa voiture, percute la cabine téléphonique dans laquelle se trouve Globenski, provoquant son intrusion forcée dans la vie de celui-ci (*Kalamazoo*) et la narcolepsie de Bob Garrigues, qui lui permettra lui aussi d'entrer de façon impromptue dans la vie de Hans Sturzberg (*Acapulco Gold*). De même, la séquence du *Vent du Wyoming* qui se déroule dans la cour d'un couvent au milieu de laquelle le père Lachaise, vétéran de la Deuxième Guerre mondiale, creuse des fosses pour enterrer les sœurs qui ne passeront pas l'hiver comme on creuserait des tranchées, est typique de la manière dont les personnages investissent les lieux pour entraîner le récit vers la folie, et ce, jusqu'à ce que les films portent en eux le chaos du monde.

Dans cette tendance à pousser à l'extrême le caractère déjanté des situations sans craindre de basculer dans le grotesque, on perçoit ce que Forcier, surtout dans ses premiers films, doit aux extravagances baroques du cinéma de Gilles Carle, lui qui a introduit dans le cinéma québécois la fable sociale grinçante, qu'il traitera toujours par le biais d'un humour tendre et débonnaire. Forcier ne cessera jamais lui non plus de poser sur sa société et les classes les plus modestes un regard qui, bien que mordant, a su leur redonner la place déterminante qui leur revient dans la représentation symbolique du Québec. Or, cette représentation, c'est aussi par une attention particulière prêtée au lien secret que les personnages entretiennent avec les objets qu'il la forgera, sachant ainsi les faire exister dans leur dimension la plus singulière.

Les objets nous parlent

Affiches publicitaires de l'homme-sandwich, boule de quilles, voitures (Chevrolet, Checker Cab, Edsel 1958), tabernacle électrique dans *Au clair de la lune*, rudbeckies de *Kalamazoo*, bâton de golf et bateau juché en haut d'un mât en plein désert dans *Les États-Unis d'Albert*, fauteuil roulant géant d'*Embrasse-moi comme tu m'aimes* : l'humour d'André Forcier et les aspects fantasmagoriques des films reposent aussi sur la façon dont les objets y interviennent, jusqu'à acquérir une aura presque magique. Détournés de leur fonction première, ils acquièrent une dimension ludique et même poétique. Ils appartiennent à un monde qui n'a jamais rompu les amarres avec le pouvoir fabulateur de l'enfance, et en cela, tous ces objets propagent un climat tirant les films du côté du conte et du merveilleux. C'est ainsi que les «minounes» d'*Au clair de la lune* roulent sur leurs jantes en laissant derrière elles une traînée d'étincelles, que chacune des fleurs que cultive Félix Cotnoir (alias Feliciano Montenegro) dans *Kalamazoo* cache le visage d'Helena, et que le canon de foire de l'homme-canon devient l'alcôve où on se glisse pour faire l'amour dans *La comtesse de Baton Rouge*.

Si Forcier n'affiche aucune distance ironique face aux objets, il n'en manifeste pas davantage face aux personnages. Il établit plutôt un rapport complice avec ceux qu'il met en scène, au point de faire littéralement corps avec chacun des personnages qu'il filme. L'humour ne passe donc aucunement par quelque signe de connivence adressé au spectateur, jamais placé en retrait de la situation qui se joue. De toute évidence, le cinéaste *est* ce qu'il montre, comme si c'était autant ses personnages qui participaient à engendrer ce qui le définit depuis son enfance, que c'est le cinéaste lui-même qui les met au monde –, et cela, indépendamment du fait que ces personnages lui ressemblent ou non, qu'existe ou pas une quelconque symbiose entre le milieu dont il est issu et le leur. Ce que l'on retient, c'est qu'il se place avec eux, à leurs côtés, et qu'il les fait littéralement émerger d'une multitude de détails souvent extraits du réel le plus immédiat. C'est également ce qui explique que les objets qui *habitent* ses films, pourtant souvent empruntés à un répertoire culturel nord-américain symboliquement chargé, ne sont jamais associés à un quelconque mauvais goût ni exploités comme expression d'un Québec populaire observé avec condescendance. Nous sommes au contraire de plain-pied dans la totalité de l'univers dans lequel nous nous trouvons entraînés.

Dans l'exploitation volontairement ostentatoire qui est faite de la culture populaire, on peut certes avoir l'impression de s'approcher par certains aspects de l'attitude « Ti-Pop » (décrit notamment par Pierre Maheu de la revue *Parti pris*[1]), présente dans la littérature, la

1. « Qu'est-ce donc que le TI-POP ? Eh bien, le TI, c'est le Québec, comme dans "Chez Ti-Jean Snack Bar", "Ti-Lou Antique", ou tout simplement comme dans "Allo, ti-cul". Et le POP, c'est si on veut le Pop Art. Mais il ne s'agit pas spécialement d'art. C'est

chanson et le théâtre québécois des années 1960-1970 chez Michel Tremblay, Victor-Lévy Beaulieu, Réjean Ducharme, Raôul Duguay, Robert Charlebois, entre autres exemples. Jamais, toutefois, Forcier ne cède à la dérision, car il sait ce qu'il doit à cette culture populaire dont il reconnaît la beauté cachée et mal aimée. S'il filme le boulevard Taschereau et le Motel Oscar avec son bar défraîchi, ses chambres équipées de lits vibrants et de baignoires en cœur, c'est qu'il éprouve une affection particulière pour ces lieux qui ont marqué son enfance et son adolescence (lui et ses chums y emmenaient leurs blondes[2]), sans lesquels le Québec ne serait pas ce qu'il est. On comprend alors ce qu'il entend lorsqu'il dit : « J'ai toujours trouvé ça beau, le boulevard Taschereau[3] », déclaration qui ne cache aucune ironie et qu'il faut plutôt voir comme un hommage à cette manière propre aux milieux populaires québécois de s'approprier la culture américaine. Par la présence affirmée de lieux et d'objets fortement marqués culturellement tels que le snack-bar, le *grill* de Larry Létourneau, la dinde des Fêtes, les chips et le Coke que l'on prend en guise de déjeuner, les bouteilles de bière 50 ou de Molson, les Corn Flakes servant même de nourriture pour les poissons rouges d'*Au clair de*

---

plutôt d'une culture qu'il s'agit, notre vieille culture, qui se mérite bien le titre de Culture Ti-Pop. Le Ti-Pop, c'est une attitude ; fondamentalement, elle consiste à donner valeur esthétique aux objets de la culture Ti-Pop » (Pierre Maheu, « Laïcité 66 », *Parti pris*, vol. 4, n° 1, 1966, p. 73-74).

2. Entretien avec André Forcier au sujet du *Vent du Wyoming*. Propos recueillis par Marie-Claude Loiselle et Claude Racine, *24 images*, n°s 73-74, 1994, p. 65.

3. *Ibidem*.

la lune, la buanderie, le club de boxe, le parc Belmont, Forcier libère ces symboles de l'Amérique de ce qu'ils peuvent avoir de connotation négative ou même kitch. Il est clair que ces éléments qui appartiennent à l'environnement qui l'a mis au monde ne sont jamais envisagés comme relevant d'une culture pittoresque avec laquelle il n'aurait plus rien à voir. S'il les récupère de façon humoristique, c'est sans cette distance parodique qui les instrumentaliserait pour en faire un cabinet de curiosités.

L'attachement que manifeste le cinéaste à l'égard de ce qu'il montre met à l'abri ces manifestations populaires et les symboles auxquels il s'attarde contre toute forme de dénigrement. Bien au contraire, il les tire du côté de l'imaginaire, leur accordant le pouvoir de contenir une part de l'émotion que distille le film. Voyant à travers eux comment le Québec populaire, porté par une imagination et une insoumission discrète mais têtue, a su s'emparer des objets de son asservissement pour se les approprier et en faire plus que ce qu'ils sont réellement, il les réinstalle avec force au cœur même de ce qui le constitue. Tout ce que le Québec moderne a renié ou simplement repoussé en marge de son histoire se hisse ainsi au niveau d'une mythologie locale.

Or, c'est sur cette assise libre de toute moquerie que peut se déployer la fonction burlesque des objets. Une dinde de Noël congelée pourra ainsi aboutir au salon funéraire sur les genoux de la femme du défunt, qui l'avait gagnée lors d'un tirage avant de trépasser; les «trente sous» gagnés et perdus entraîneront une série de quiproquos loufoques; la pétanque, lorsqu'elle est jouée sur le terrain d'un garage de quartier, se transformera en une activité de résistance à l'embourgeoisement d'une banlieue populaire (*Coteau Rouge*). Le développement narratif de chacun des films ne pourrait être envisagé sans ce rôle joué par les objets, qui participent activement à l'écriture cinématographique. Ce qui arrive aux personnages, les « dérapages » de l'histoire, sont bien souvent liés aux objets et à la manière dont ils sont détournés de leur fonction première : le moulin à grains du *Retour de l'Immaculée Conception* qui devient une boîte à musique, la vieille Chevrolet transformée en maison, le sirop contre la toux et la colle Acme avec lesquels on s'enivre dans *Au clair de la lune*, le gâteau au laxatif dans *Je me souviens*, le chapeau de Marguerite incrusté d'une balle de baseball de Joe DiMaggio dans *Embrasse-moi comme tu m'aimes*. On ne pourrait concevoir les personnages de Forcier sans tous ces objets qui apparaissent souvent comme des extensions de leur corps (toque de cuisinier, manteau de femme jaune canari de l'albinos ou de fourrure synthétique rouge de Léa, turban d'Assourhampal, side-car de Julien, Checker Cab et uniforme de capitaine de Félix Cotnoir, boule de quilles d'Albert, béret de Bob Garrigues dans *Acalpulco Gold*, faux-ventre de femme enceinte d'Hélène dans *Coteau Rouge*), à un point tel que ces extensions deviennent pratiquement ce qui leur permet de *prendre corps* dans l'univers où ils s'inscrivent, de se trouver physiquement liés à lui. La boule de quilles d'Albert en est un très bon exemple, elle qui est autant ce qui lui a permis de devenir le héros du quartier que ce qui le réduit dorénavant à une forme de déchéance en raison de l'arthrose qui le handicape.

Les divers objets et références appartenant à la culture religieuse du Québec jouent un rôle particulier chez Forcier, qui ne se prive pas de pratiquer un détournement ironique de toute bondieuserie ou fausse piété – ce qui le rapproche là aussi de l'attitude Ti-Pop. Depuis l'invraisemblable collection d'instruments de mortification de la sœur Albertine, le Dieumegarde Tire Shop, le cierge de baptême acheté par Albert pour se réchauffer (*Au clair de la lune*), la lévitation de Manon convertie à la foi chrétienne après une violente déception amoureuse (*Le vent du Wyoming*) jusqu'aux orphelins de Duplessis, objets des magouilles politiques de l'Église sous la férule de monseigneur Madore (*Je me souviens*), et la ceinture cloutée de René, le séminariste homosexuel (*Embrasse-moi comme tu m'aimes*), on remarque une insistance à transformer en amusement profane ce qui relève du sacré. Ces dérèglements occasionnent d'innombrables clowneries qui révèlent la part de mensonge entourant la prétendue soumission aveugle des « Canadiens français » à une « sainteté déchaînée » (pour reprendre les mots de Frank dans *Au clair de la lune*). C'est ainsi que, tout en soulignant l'importance des syndicats communistes dans le Québec des années 1940, *Je me souviens* présente des mineurs et des personnages féminins libres d'esprit, déterminés dans leur résistance et leur combat contre la complicité de l'Église et du patronat, venant apporter un éclairage différent de celui qui montre les Québécois d'avant la Révolution tranquille comme complètement asservis à l'Église. Changement de perspective que poursuivra *Embrasse-moi comme tu m'aimes*.

En s'amusant sans réserve non pas tant de la religion catholique que de l'imagerie et du mensonge qui lui sont rattachés, Forcier opère un renversement implacable de l'imaginaire religieux en le tirant du côté du burlesque le plus débridé, qui donnera d'ailleurs lieu à une scène d'anthologie : celle d'*Au clair de la lune* dans laquelle Albert et Frank, totalement ivres, se rendent chez Albertine (la sœur jumelle d'Albert, interprétée elle aussi par Guy L'Écuyer !) alors en pleine extase mystique devant son tabernacle électrique, et font, hilares, l'inventaire des objets de dévotion et des instruments de pénitence qui s'y trouvent – croix de la tempérance, mitaine de crin, fouets, cilices. Si l'exploitation par le grotesque d'objets religieux autorise tous les excès loufoques, c'est qu'elle permet de rappeler qu'Albert et Frank sont des anges déchus dans le micromonde déréglé, chaotique dans lequel, en vagabonds solitaires, ils se trouvent abandonnés. C'est qu'elle accorde à ces personnages une liberté que le cinéaste a toujours reconnue au peuple, tandis que l'histoire a cherché à la lui nier.

Le spectacle de la vie

Depuis le duo de chanteurs de country et les représentations de la danseuse *topless* dans *Bar Salon*, l'univers du spectacle a sans cesse été présent dans les films d'André Forcier, du moins jusqu'à la fin des années 1990, avant de reparaître dans *Embrasse-moi comme tu m'aimes* avec le Café Bleu dans lequel on retrouve France Castel en chanteuse de cabaret, accompagnée de Slim (le pianiste noir d'*Une histoire inventée*). Que ce soit l'orchestre animant la fête à Polo dans *L'eau chaude l'eau frette*, le club de jazz et la prestation théâtrale dans *Une histoire inventée*, le numéro d'hypnose dans *Le vent du Wyoming*, les attractions foraines et le cirque dans *La comtesse de Baton Rouge* – jusqu'au tournoi de quilles dans *Au clair de la lune*, qui a des allures de happening. Or, ce n'est pas tant le spectacle qui prend alors le dessus sur le réel ou qui met celui-ci entre parenthèses, que le quotidien qui s'organise en spectacle permanent. Il existe une continuité entre l'univers du spectacle et celui du quotidien à un point tel qu'on peut se demander où se tient la représentation : sur scène ou dans la salle ? Cette ambiguïté est évidente dans *L'eau chaude l'eau frette* où, malgré les musiciens qui s'évertuent à égayer la soirée, c'est du côté des fêtards que se déplace la véritable attraction : disputes, chassés-croisés amoureux, jalousies, esprits embrumés par des flots de bière, débordements en tout genre s'entrechoquent, jusqu'à la mort « accidentelle » d'un pauvre diable (Julien, armé d'une carabine, vise Polo, mais atteint la mauvaise cible), mort acclamée par l'assistance éméchée comme le clou de la soirée.

De toute évidence, un effet de miroir se produit entre ce qui se passe sur scène et dans le réel, comme si l'un émergeait de l'autre et que l'existence de certains personnages dépendait autant de leur capacité à projeter leur malheur ou leur exaltation vers les autres, que les musiciens, chanteurs, prestidigitateurs ont besoin d'un public pour exister. Pour ces êtres esseulés, c'est la seule possibilité de combattre l'isolement, drainant ainsi l'attention et l'amour des autres de la même façon qu'ils sont directement interpellés par ce qui se produit sur scène. Le paroxysme de cet effet de dédoublement est sans doute la fascination exercée par le fantôme de Paula Paul dans *La comtesse de Baton Rouge*, ce fantôme étant une projection, une incarnation du besoin de *croire* en l'être aimé. De même que dans *Embrasse-moi comme tu m'aimes*, le fantasme de Berthe émane de la relation trouble et obsédante qui persiste entre Pierre et sa sœur jumelle ; jusqu'à ce que cette émanation fantasmatique rejoigne son double réel dans la séquence finale.

À l'instar d'un Fellini, Forcier brouille la frontière qui sépare le réel du rêve. Autant ce qui semble appartenir au réel relève du rêve, autant ce qui appartient au monde du spectacle se présente tel le prolongement fantasmatique et quelquefois inquiétant du réel. Les numéros présentés par Zénon le cyclope, qui projette sur un écran des images des spectateurs transformées par le seul pouvoir de sa pensée ; l'hypnotiseur qui propose de faire oublier le drame de ceux qui se confient à lui, se hasardant même à détourner le cours des choses en tentant de ramener Lisette vers son mari, puis en transformant l'amour de Chester Céline pour Léa en hostilité ; tout cela illustre de façon éclatante ce glissement d'un univers vers l'autre. Étroitement liés, ces univers se trouvent peuplés de chimères, façonnés par les projections mentales des personnages.

Ainsi, ce n'est pas seulement lorsque le pouvoir de l'imagination des protagonistes atteint son comble qu'il agit sur la matière des films. Celui-ci surgit plutôt de l'univers intérieur des personnages, entièrement formé de ce qu'ils sont, et cela, même dans des films en apparence plus «réalistes» tels que *Je me souviens* et *Coteau Rouge*. Si les assises de chaque film reposent sur un sens du réel extrêmement aiguisé, c'est que le cinéaste sait faire son miel de détails insignifiants pour le commun des mortels, et capter chez ceux qu'il croise au hasard des rencontres les rêves qu'ils portent en eux. Il ne cesse de prouver que, pour qui sait être attentif, la vie nous offre à chaque instant le spectacle du quotidien. Qu'au contraire d'une succession de faits semblables se répétant jour après jour, celui-ci est composé de microévénements uniques générant leur lot de cocasseries, de drames plus ou moins secrets, de situations insolites et de petits gestes qui détournent sans cesse le cours régulier des choses. À l'affût de ce que la vie contient de drôlerie et le spectacle, de tragique, Forcier fait siens tous ces faits anodins de natures diverses pour les laisser s'«offrir en spectacle» de façon apparemment fortuite, ou encore en réorganisant ce réel en spectacle. Cela peut prendre la forme de vieilles autos sans pneus qui assimilent leurs conducteurs à des dragons, de l'emportement frénétique de Manon qui «viole» Chester Céline sur un ring de boxe dans *Le vent du Wyoming*, aussi bien que du déchaînement furieux de Némésis, qui finit par frapper sa mère à coups de rouleau à pâte au bout d'une course-poursuite à travers la maison dans *Je me souviens*.

Sans chercher à rapprocher avec trop d'insistance les œuvres de Forcier et de Fellini (dont on a souvent exagéré la filiation), on constate que c'est dans cette incorporation du spectacle à l'intérieur de l'espace de la vie qu'ils se rejoignent le plus étroitement. On remarque également que ces petits mondes marginaux dans lesquels ils nous font pénétrer prennent toujours une couleur surannée et apparaissent comme le vestige de pans de la société en train de disparaître, s'ils ne sont pas déjà disparus : univers de foire, du cirque ambulant, des prestidigitateurs, des cabarets. Mais alors que chez Fellini, cela trouve un fondement dans son enfance, qui imprime à son approche un caractère nostalgique – son père ayant souvent assisté avec lui à ce genre d'animation foraine –, chez Forcier on perçoit avant tout le désir de ressusciter par le biais de représentations anachroniques un univers « sauvage », libre, qui abolit la frontière entre le quotidien et le monde magique de la scène. Il s'agit moins d'une quelconque nostalgie d'un passé proche que de la mémoire des origines, d'une forme d'art plus primitive, dont les films conserveraient la trace. Tels le saltimbanque et le troubadour d'autrefois, ces artistes bohèmes et sans le sou qui parcourent l'univers de Forcier – magiciens, créatures étranges, musiciens, comédiens, apprenti cinéaste, hypnotiseur, homme-canon –, à l'égal des Zampano, Gelsomina et du funambule de *La strada*, sont des êtres solitaires, prisonniers de leur condition précaire. Personnages tragiques faisant figure d'amuseurs publics ou du moins de porteurs de rêves, ils soufflent un vent de cette gaieté qui pourtant leur échappe, pratiquant un métier avec lequel ils espèrent aider les autres à fuir une misère (souvent affective) et un étouffement dont ils sont eux-mêmes victimes.

Se moquer de la défaite

Il y a chez Forcier une perception aiguë de l'absurdité du monde déchiré entre la cruauté de la vie et d'ardentes aspirations. On voit comment, dans son cinéma, la conscience tragique de la destinée humaine place les êtres devant l'impossibilité de voir les choses autrement que dans un destin funeste, mais comment aussi cette conscience malheureuse cherche à se libérer par le biais du loufoque et même du grotesque… tel un pied de nez à la fatalité du sort. Or, ce Québec dont l'œuvre brosse le portrait n'est pas propre aux gens modestes qui y sont mis en scène. Il vient plutôt révéler les blessures et le sentiment oppressant éprouvé par tant de francophones d'Amérique. Il n'y a pas de doute, les milieux populaires sont ceux qui incarnent le mieux l'esprit et la nature profonde de ce peuple resté longtemps sans représentation de lui-même. Ce peuple à qui les artistes de la Révolution tranquille ont voulu donner un visage, une voix et une existence symbolique en cherchant à s'approprier la puissance du réel.

Pierre Nepveu dans *L'écologie du réel*[4] montre bien que la Révolution tranquille, qui marque une rupture historique en concrétisant l'aspiration du Québec à la modernité, révèle aussi une contradiction dans ce qui anime ses écrivains, à la fois euphoriquement tournés vers l'avenir tout en demeurant aux prises avec une conscience douloureuse du passé qui les hante sans relâche ; tiraillés entre un désir véhément d'affirmation

---

4. Pierre Nepveu, *L'écologie du réel. Mort et naissance de la littérature québécoise contemporaine*, Montréal, Les Éditions du Boréal, 1999.

collective et pourtant obsédés par les figures de la mort, de la folie, de l'exil. Épuisante contradiction, qui rappelle cet « effort inouï, inimaginable que nous avons dû fournir pour nous mettre au monde », selon Gaston Miron[5], qui conduit à « cette fatigue culturelle dans laquelle on s'épuise à vouloir être tout, comme si on était au commencement du monde, à vouloir n'être rien, comme si on était à la fin du monde », tel que le mettent en lumière les mots d'Yvon Rivard à propos d'Hubert Aquin[6]. Le territoire se fonde tout en révélant un manque fondamental et l'évidence d'un « ratage » irréparable qui n'a cessé de poursuivre les écrivains et les artistes québécois. Ce qui amène Pierre Nepveu à parler de cette « identité désastreuse » qui marque la modernité québécoise – ce que l'on reconnaît dans les œuvres d'Aquin bien sûr, mais également dans celles de Claude Gauvreau, de Gilbert Langevin et de plusieurs autres écrivains cités par l'essayiste. Tout se passe comme si quelque chose du réel leur faisait défaut, au point de les inciter à s'approprier ce réel afin d'en extirper une image du Québec en accord avec ce qu'il est vraiment. Image jusque-là lacunaire, tronquée, faussée, comme si le réel ne cessait de se dérober face aux mots et à toute volonté de représentation, comme s'il refusait de leur appartenir, les laissant avec ce sentiment de « vertige devant le réel manquant, devant l'étrangeté profonde du réel[7] ».

---

5. Gaston Miron, *L'avenir dégagé. Entretiens 1959-1993*, Montréal, Éditions de l'Hexagone, 2010, p. 230.
6. Yvon Rivard, *Personne n'est une île*, Montréal, Les Éditions du Boréal, 2006, p. 134.
7. Pierre Nepveu, *L'écologie du réel*, *op. cit.*, p. 183.

Or, n'est-ce pas précisément cette impuissance qui, chez Forcier, à l'instar d'écrivains de sa génération et de celle qui l'a précédée (Gauvreau, Ducharme et, avant eux, Ferron), se traduit par une outrance fantasque et tragicomique ? Le spectacle, qu'il soit sur scène ou dans la vie, se présente comme celui d'une défaite dont on cherche à se moquer, et de l'autodérision comme dernier rempart contre le désespoir. Le cirque que Paula Paul met sur pied en Louisiane dans *La comtesse de Baton Rouge* a beau s'appeler Circus of Happiness, sa réalisation n'est que le résultat du chagrin sans objet de Paula, qui a le sentiment de ne plus avoir sa place au parc Belmont, et elle se soldera par un échec… puis ultimement par sa mort ; l'hypnotiseur du *Vent du Wyoming*, lui, en voulant pousser trop loin sa capacité de faire oublier aux gens leur malheur, finit par perdre le contrôle de son don surnaturel et n'arrive plus à réveiller les gens qu'il a envoûtés ; le trompettiste d'*Une histoire inventée* rêve toujours d'enflammer les boîtes de nuit avec un art que l'âge ne lui permet plus de maîtriser ; de même que la victoire d'Albert, dans ce salon de quilles d'*Au clair de la lune* qui garde encore la mémoire de son exploit de 1958, n'était due qu'à une supercherie de l'albinos.

Pourtant, ces échecs ont la grandeur sublime de la détresse qu'ils cachent. Quel personnage ne trahit pas ici une inaptitude irrémédiable face à la vie, de même que face à l'amour ? Ces deux incapacités ne sont-elles pas consubstantiellement liées ? L'ironie mêlée d'autodérision que pratique le cinéaste n'est possible que dans la mesure où celui-ci est partie prenante de ce qu'il dépeint. Il laisse ses « créatures » se moquer de leurs faiblesses, ruser avec elles et même s'en servir comme d'une arme de séduction parce qu'il sait que leurs travers sont la seule chose qui leur reste pour affronter ce qui contrarie sans cesse leurs désirs. Tous sont conscients du caractère dérisoire de leur existence, et c'est cela même qui les amène à s'inventer des façons de mépriser ce qui les rend méprisables, eux, magnifiques rêveurs sans avenir.

Faire fleurir la langue... après le désastre

Yvon Rivard a consacré à ce qu'il nomme l'«héritage de la pauvreté» un très beau texte (publié dans *Personne n'est une île*) dans lequel il souligne que la pauvreté linguistique, culturelle et économique qui a été celle des Québécois francophones fait non seulement constitutivement partie de leur identité et de leur mémoire collective, mais qu'elle s'impose aussi comme un moteur de création, comme la possibilité d'un devenir, faisant de cette pauvreté la plus grande des richesses. Il note par ailleurs que «la seule façon d'être fidèle à la pauvreté, sans sombrer dans le misérabilisme, le désespoir ou l'autodivination, c'est celle du "mauvais pauvre", personnage inventé par de Saint-Denys Garneau et dont descendent aussi bien l'homme rapaillé de Gaston Miron que le clochard de Jacques Brault, aussi bien la frêle institutrice de Gabrielle Roy que le révolutionnaire suicidaire du premier roman d'Hubert Aquin[8]». Comment ne pas voir dans les

8. Yvon Rivard, *Personne n'est une île*, *op. cit.*, p. 135.

personnages de Forcier des descendants de ce mauvais pauvre que de Saint-Denys Garneau définissait comme un empêcheur de tourner en rond, toujours en retrait, inassimilable et qui, pour cela, est menaçant : comme s'il pouvait jeter un sort au riche, le rappelant à ce qu'il était, à ce qu'il s'est acharné à oublier. En assumant pleinement cet « héritage de la pauvreté » comme point de départ depuis lequel tout peut être construit, tout *doit* être construit, Forcier fait de ses personnages les plus dignes représentants de cette constellation de mauvais pauvres qui ont traversé notre littérature. Balayant les alibis culturels, esthétiques ou moraux qui pourraient s'interposer entre l'écran et notre œil, il révèle cet héritage commun dans tout ce qu'il a de vulgaire et d'aliénant, et ce, jusque dans les emprunts récurrents à l'anglais qui émaillent la langue des francophones d'Amérique : les *tire shop*, *pawnshop*, *stockroom*, le « *'scuse me* » de Frank, le New Majestic Inn du major Cotnoir qui répond en anglais au téléphone et le message bilingue de Larry Létourneau pour annoncer un spectacle western dans les rangs de Saint-Janvier-de-Blainville, les exemples sont légion. Cela s'inscrit dans la perspective que ce qui tue est par ailleurs ce qui permet d'exister, qu'une langue « pauvre » peut s'inventer en incorporant ce qui l'écrase.

C'est pourquoi la langue chez Forcier est le plus souvent une langue rude, sans détour, puisée au cœur même du réel tout en étant sans cesse métamorphosée, même parfois sublimée par des jeux de rimes, de rythmes et de sonorités. Grâce à sa voix hors champ, *Au clair de la lune* poussera plus loin encore cette exaltation du langage populaire, tel qu'en fait foi ce passage qui se déroule dans l'antre du salon de quilles : «La nuit mourait de peur dans le tintamarre de l'abattoir. Pour toffer, Alfred partageait sa Valium avec son chien Ti-Beu. Je me laissais fondre comme un suppositoire dans le derrière du Moonshine Bowling.» Cette irrévérence mi-amusée, mi-brutale avec laquelle la langue est utilisée dans les premiers films, avant de s'adoucir dans une forme non moins littéraire et corrosive, mais plus mélancolique (disons à partir de *Kalamazoo*), n'a d'égal que le désir de mettre au monde une communauté de personnages qui se présentent comme la transfiguration à peine travestie de ces hommes et de ces femmes qu'il a un jour croisés ou fréquentés. Ils sont en quelque sorte sa «famille». Lorsque dans *Bar Salon* il fait dire à Robert qui s'adresse à Michelle : «Tu sens le poisson, comme les sirènes»; ou à Leslie, à qui le major, avec une politesse compassée, vient de demander de danser avec lui, un retentissant «Pantoute, ostie!»; lorsque dans *Le vent du Wyoming* Lizette dit à son jeune amoureux : «Not' nowhere se morpionne, Réo»; ou encore que Léa dit à sa mère : «Enweye madona, aide-moi à vivre, môman, donne un drink à ta descendance», les mots prennent une âpreté quasi poétique qui doit tout au réel sans lui être soumis. Ces répliques, qui peuvent paraître de prime abord cocasses, pourraient appartenir à la vie de tous les jours et, pourtant, la manière d'appuyer sur elles, de s'emparer d'elles avec une désinvolture libératrice, leur confère une force singulière. Nous sommes dans une forme verbale familière, sans apprêt, et pourtant réinventée afin de lui donner un surcroît de densité en regard du monde dont elle est issue. Il y a dans les mots de ces personnages beaucoup plus qu'une volonté de «faire vrai» en reproduisant le français québécois des milieux populaires et ouvriers. L'intonation qu'empruntent les acteurs, volontairement neutre dans les premiers films, devient progressivement plus expressive tout en conservant un ton un peu déclamatoire, qui jamais ne se veut réaliste. Cette façon de prononcer les mots leur retire juste ce qu'il faut de leur naturel pour nous laisser entendre que celui qui joue le personnage est conscient de ce jeu.

Forcier conservera toujours face à la langue un rapport amusé, mais également conflictuel dans la mesure où l'on y sent souvent une forme de «règlement de compte» avec celle-ci. Le désarroi (autant celui du cinéaste que celui des personnages) qui s'exprime à travers les mots suggère une douleur et une impuissance qui ne sont pas sans lien avec la parole entravée et tragique de bon nombre de poètes québécois (dont Gaston Miron, notamment). La désinvolture que la parole affiche est en cela bien illusoire, car c'est là où les personnages puisent désespérément ce qu'il leur reste de liberté. Chaque parole prononcée apparaît ainsi comme un éclat retentissant donnant à celui qui la profère le pouvoir de le tirer de la banalité d'un quotidien anonyme. Elle n'informe en rien le spectateur, pas plus qu'elle ne permet au récit d'avancer : sa force est avant tout de faire exister pleinement ceux qui s'en emparent.

La langue chez Forcier affirme sa volonté de faire renaître à l'écran une communauté par le biais d'une multitude de fabuleux personnages de cinéma – qui sont toujours bien plus que cela –, consolidant par là son indéfectible solidarité avec le peuple, qui est en vérité une fidélité à une *condition* et à un « art de la défaite » (Hubert Aquin). Littéralement extraits de ce peuple, ses personnages conservent avec celui-ci une alliance secrète, puissante et, pourrait-on dire, agissante, car ce « pacte » est en même temps un gage de sa survie au-delà de ce qui cherche à le faire disparaître et une promesse de survie dans l'imaginaire. Le cinéaste fait sans cesse en sorte que la parole puisse surgir de la friche dans laquelle les mots du français d'Amérique ont éclos, à l'image du Coteau-Rouge, qui s'est construit en dehors de toute norme sur des terres laissées à l'abandon. Cette langue libre, elle aussi jaillie de la pauvreté, est une langue blessée dont il s'empare pour la rendre au peuple qui s'est trop souvent cru incapable de faire usage de la parole (c'est-à-dire de « bien » parler). Alors que le langage brut des premiers films perdra de ses aspérités au fil des ans, le paroxysme de cet emploi débridé de la langue se trouve certainement dans *Au clair de la lune*, qui joue sans cesse avec la sonorité des mots, la voix hors champ soulignant par exemple que « l'albinos préfère la beauté du blasphème à la sainteté déchaînée » et que « pendant qu'Albert s'empêtrait dans son arthrite, Léopoldine, la petite orpheline, aussi visible que l'ombre du destin, arrivait à point ». Quelques années plus tard, la prose hallucinée du *Vent du Wyoming* fera encore de ces personnages des princes et des reines sans gloire, en équilibre au bord de l'abîme, et fera dire à Nicole Piaf, la chanteuse amoureuse de Léa : « Bois, ma tigresse en détresse. À soir, c'est moé qui paye pour l'humanité souffrante. »

La force de ce cinéma réside dans la construction d'une réalité poétique fondamentalement québécoise, qui toujours intègre le langage. À l'instar des poètes et des écrivains québécois des années 1960 et 1970, la langue chez Forcier renferme une conscience très vive de la nécessité de se la réapproprier afin de pouvoir exister collectivement, mais que, pour cela, «nous devons trouver nos mots à quatre pattes dans le trou vide», comme le disait si douloureusement Gaston Miron en 1957[9]. Combien de fois ce dernier a-t-il exprimé le fait que les Québécois forment «un peuple devenu peuple à travers l'analphabétisme, les tabous, les interdictions et la suppression de sa langue à plusieurs reprises dans son histoire[10]»? Ce qui explique le rapport violent, conflictuel et complexe que le poète n'a jamais cessé d'entretenir avec celle-ci, lui qui a toute sa vie traîné cette impression de ne plus savoir parler, d'être épuisé par une ambivalence identitaire inextricable, tel qu'en témoignent ces lignes, également de 1957, que l'écrivain considérait toujours comme actuelles quarante ans plus tard : «Je vis depuis deux ans sous le signe de l'Amnésie, je dois produire une énergie atomique pour parvenir au simple usage de la parole[11].» Or, il est clair que c'est ce rapport conflictuel à la langue qui anime le cinéma de Forcier. Malmenée, écorchée, «garrochée», elle est traînée comme un boulet en même temps que portée par un attachement sensible à la rudesse du parler populaire. Attachement tout aussi vif à l'égard de la force de résistance du parler cajun à

9. Gaston Miron, *L'avenir dégagé, op. cit.*, p. 230.
10. *Ibidem*, p. 265.
11. *Ibidem*, p. 230.

laquelle la parole fleurie de Nuna Breaux et de Dudley Fuselier rend hommage dans *La comtesse de Baton Rouge*.

Cette langue populaire côtoie très souvent la parole d'orateurs extravagants, de parvenus ridicules, d'êtres maladroits ou grandiloquents dans leur volonté de « bien parler ». Le major Cotnoir, monsieur Croteau, Marcel (interprété par Guilda) dans *Kalamazoo* ne parlent pas « comme tout le monde ». Ce que ne manque pas non plus de signifier le père Saint-Germain dans *Embrasse-moi comme tu m'aimes* lorsqu'il dit à Marguerite, sa fille normalienne qui le traite d'« excrémentiel » : « Gard' donc la maîtresse d'école qui sort ses grands mots. » Ces figures, de par leur inadéquation appuyée, cultivée, face au milieu dans lequel elles se trouvent, ne font que mettre en relief la vérité de ceux qui les entourent.

À ce titre, l'étranger (l'Italien, le Français, l'Irlandais) joue lui aussi un rôle de révélateur. Si cela est vrai de Globenski dans *Kalamazoo*, qui porte un nom polonais, mais se dit Italien comme sa mère de Côte-Sainte-Catherine (!), ou de l'écrivain français Chester Céline du *Vent du Wyoming* – personnage par lequel tout ce qui se joue dans le récit en vient à passer, sa présence propageant une véritable onde de choc –, cela l'est davantage encore du personnage de Liam dans *Je me souviens*, redoutable catalyseur d'énergie qui acquiert une portée essentiellement symbolique. Il arrive dans l'Abitibi des années 1940 telle une apparition, une figure héroïque, fier défenseur de sa langue en péril, le gaélique, qu'il enseignera à la jeune Némésis qu'on croyait muette, alors qu'elle refusait plutôt de parler sa langue comme elle refuse violemment tout ascendant maternel. Belle métaphore de cette amnésie identitaire qui taraude Miron. Nous ne sommes pas loin ici de ce qui animait Hubert Aquin en 1962 lorsqu'il écrivait dans son journal : «ensevelir la langue française, les mots maternels ou féminins, mon pays lui-même qui meurt indéfiniment et ne produira jamais rien d'autre que le spectacle exagéré, fatigant de sa fin recommencée, interminable[12]». Némésis rejette de tout son être celle qui l'a mise au monde, jusque dans la langue que celle-ci devrait naturellement lui transmettre. C'est comme si, à l'image du peuple québécois ou francophone d'Amérique, elle avait oublié d'où elle venait, et qu'il lui fallait le pouvoir magique d'une langue encore plus menacée que peut l'être le français en Amérique pour retrouver l'usage de la parole. Est-ce pour cela d'ailleurs qu'avec l'arrivée de Liam, le film se nimbe d'une tonalité mélancolique? Comme si les mélodies de cette langue devenue presque archaïque face à l'impérialisme de l'anglais venaient hanter le film tel un fantôme.

Liam présente une conscience ou une mémoire (poétique) de la Résistance. Dès lors, la poésie des personnages et des lieux peut s'exprimer plus librement au contact de cet homme et de sa présence douce et assurée, laissant croire que ce qu'il y avait de force d'insoumission à l'œuvre dans ce cinéma, sans cesse sollicitée par une forme sublimée du réel et en même temps entravée par l'impossibilité de répondre sans

12. Hubert Aquin, *Journal. 1948-1971*, Montréal, Bibliothèque québécoise, 1992, p. 252.

équivoque à cet appel, pouvait enfin se déployer. C'est de cela dont témoigne la fin de *Je me souviens*, magnifique dans ce qu'elle offre d'ouverture vers le large, aux sens propre et figuré, et vers un territoire où toute entrave semble soudainement abolie.

Entre tragique et burlesque, réel et surréel, exubérance et désespoir, mais également entre une langue hantée par le spectre de sa disparition en même temps que par la conscience que ce qui perd est peut-être aussi ce qui sauve, les forces contraires qui s'opposent dans le cinéma de Forcier révèlent ce qu'il doit (consciemment ou non) à cette lignée d'écrivains québécois dont l'entreprise poétique s'est sans cesse tenue au bord de l'abîme. Cet « art de la défaite » qui traverse notre littérature, prend chez Forcier l'aspect du chaos, réel ou potentiel, qui guette chacun de ses films et dans lequel, à tout moment, se trouvent plongés ses personnages qui jamais ne résoudront l'impasse de leur foncière inadéquation au monde.

4

L'ici et l'ailleurs, deux impossibilités

Jeunesse sauvage

Tous les personnages de Forcier que l'on pourrait aujourd'hui considérer comme excentriques ne le sont que par rapport à une société qui n'a cessé de s'uniformiser, gommant ses aspérités les plus apparentes. Ainsi, ces «marginaux» n'apparaissent jamais comme tels au sein de la communauté où ils vivent. Malgré les gestes asociaux, «hors la loi» et parfois sordides qu'ils peuvent poser, ils s'inscrivent à l'intérieur d'un monde qui échappe aux règles policées d'une société normalisée. Non pas que ces gestes soient célébrés, mais plutôt qu'ils sont simplement le fait de ce qui échappe à cette norme qui repousse vers les zones périphériques ceux dont les comportements ne répondent pas au conformisme attendu.

La pauvreté matérielle, les déviances, l'illégalité n'ont plus de mesure dès lors qu'elles se trouvent hors des limites socialement circonscrites du monde. Les personnages tels que Polo dans *L'eau chaude l'eau frette*, le fils prisonnier dans *Night Cap* de même que les petits magouilleurs et traficoteurs qui parcourent les films se situent au-delà de tout interdit. C'est qu'ils sont toujours élevés au-delà de leur trivialité première, gagnant ainsi une aura archétypale qui, dès *Au clair de la lune* jusqu'à la fin des années 1990, entraîne le récit du côté du conte avant d'en venir à communiquer l'émerveillement de façon plus libre encore.

Ce qui échappe à la norme, c'est aussi l'enfance et toute une jeunesse insoumise dont l'énergie rejaillit sur l'ensemble de l'œuvre. Aucun film n'échappe à cette absolue gratuité des gestes et des élans de l'enfance, ni à une forme de candeur qui s'y manifeste même dans le plus cruel des comportements – comme celui de Némésis dans *Je me souviens* qui, impassible, regarde sa mère disparaître sous la glace d'un lac. Plus qu'une source d'inspiration, elle est ici ce lieu fondateur, sous-jacent aux univers qui sont mis en scène, et le siège d'une nostalgie secrète, qui ne prend jamais l'aspect d'un paradis perdu. Ce pays de l'enfance est essentiellement celui d'une expérience première du monde, qui assoit les fondements sur lesquels se construira l'imaginaire poétique de Forcier. Comme si ce monde dans lequel il avait grandi et qui lui a tout appris se perpétuait sans fin dans d'innombrables traits, attitudes, façons que ses personnages ont de s'exprimer et de demeurer libres face à ce qui cherche à les contraindre.

Combien d'enfants et de « grands enfants » quelque peu rebelles habitent cet univers, frondeurs, insoumis, livrés aux sauvageries de la vie ? Dès les premiers films, on les retrouve sous les traits d'Amélie dans *Bar Salon*, de Lison dans *Night Cap*, de Francine et de Ti-Guy dans *L'eau chaude l'eau frette*, de Léopoldine dans *Au clair de la lune*, plus tard sous ceux de Léa dans *Le vent du Wyoming*, de Proutt dans *Acapulco Gold*, de Némésis et du jeune Louis Sincennes dans *Je me souviens*, et jusque dans l'attitude farouche de Lucette dans *Embrasse-moi comme tu m'aimes* (qui présente une ressemblance frappante avec Lison et Francine, toutes deux interprétées par Louise Gagnon). Ils sont ces forces brutes qui souvent évoluent en marge du monde des adultes, dans un rapport à la réalité beaucoup plus direct, immédiat que celui de leurs aînés. Alors que les adultes se fabriquent d'innombrables échappatoires, que ce soit par l'alcool, les histoires d'argent, de petits pouvoirs auxquels ils aspirent, les jeunes, eux, appartiennent à la chair vive du monde, faite moins de passion que d'une absence totale de mensonges, de dissimulations, de politesses feintes. Lorsque Lison, dans *Night Cap*, après la mort de son père, reçoit quelques dollars de la part d'un jeune parvenu pour s'acheter un cadeau de Noël, elle ne se privera pas de lui lancer au visage un « maudit niaiseux » bien senti. Et lorsque Francine et Ti-Guy s'« évadent » sur le side-car de Julien après que celui-ci s'est suicidé, la jeune fille pense tout haut : « J'aurais dû lui demander son casse », avant de rajouter à l'intention de Ti-Guy, dans un élan de candeur et de liberté désinvoltes : « T'es beau ! » À l'encontre de ce que l'on présente généralement, les enfants ne sont pas dans le monde du rêve et de l'imaginaire, mais totalement et entièrement *dans le monde* – tels les adolescents de *Coteau Rouge*, dont le désir d'une société où l'argent ne serait plus le seul horizon se transforme en actions concrètes pour le mieux-être commun (création d'un service de tonte écologique et promotion des bienfaits de la corde à linge, mise sur pied de la Coopérative viticole de Coteau-Rouge). Ce sont eux qui finalement deviennent les véritables révélateurs de l'univers plein de subterfuges des adultes. Face à leur franchise, leur aplomb, leur manière de prendre la vie de front, ce sont les adultes qui construisent le plus d'inextricables histoires pour tenter d'oublier les limites auxquelles ils se heurtent. Les constructions mentales, les rêves fous, les désirs d'évasion sont ici le propre de l'âge adulte, qui se préserve d'un rapport au monde trop émotionnel par de multiples formes de fuite. On pense à Bert dans *Au clair de la lune*, à Félix Cotnoir dans *Kalamazoo,* à Rex Prince dans *La comtesse de Baton Rouge*, mais ces convulsions mentales se retrouvent en fait à des degrés variés chez presque tous les personnages. C'est à partir de leurs rêves, de leur désir de s'affranchir des contraintes du quotidien que se conçoit une forme poétique, certes en prise directe sur la vie, mais précisément sur cette vie-là qui cherche à se réinventer. Celle qui, au-delà de la brutalité et de la violence des situations, sait communiquer l'émerveillement en s'appuyant sur cette force qui pousse chacun des personnages à échapper à sa condition.

Le réel surréalisé

Si les enfants disparaissent de l'univers de Forcier depuis *Kalamazoo* jusqu'à *La comtesse de Baton Rouge*, la part de candeur et de rêve continuera néanmoins à gagner en force. Jusqu'à la fin des années 1990, celle-ci va se déployer par une mise à mal de plus en plus marquée des formes du réalisme, qui n'ira jamais pourtant sans un souci du réel, qui constituera toujours le terreau sur lequel l'œuvre se développe. Forcier joue à fond sur une distorsion du réel au profit de l'univers subjectif et fantasmé de ses personnages, créant des mondes qui s'épanouissent sur cette frontière poreuse entre le milieu précis qu'il décrit et un imaginaire débridé.

Or, cette distorsion affecte également la représentation des lieux qu'investit ce peuple singulier. Le quartier de l'Est de Montréal et son salon de quilles dans *Au clair de la lune* ; les rues aux abords du fleuve de même que le bar aux allures surannées d'*Une histoire inventée*, que rappellera seize ans plus tard le Café Bleu d'*Embrasse-moi comme tu m'aimes* (qui, par son aspect irréel, semble lui-même rêver d'un film passé) ; le club de boxe et le Motel Oscar sur la voie rapide du boulevard Taschereau : ces lieux existent bel et bien, on les reconnaît, de même qu'on reconnaît ce qui fait la personnalité de certaines zones typiquement montréalaises. Et pourtant, s'ils existent chez Forcier comme nulle part ailleurs, c'est qu'ils sont imprégnés de la part de rêve que recèlent des personnages n'obéissant qu'à une logique qui leur est propre. De la même manière, le récit des films ne raconte jamais une histoire d'un point de vue extérieur, mais épouse les méandres de la subjectivité de ses protagonistes. Chaque personnage devient ainsi une projection de son intériorité allant à la rencontre de celle des autres pour s'y amalgamer. Ce que l'on retrouve de film en film, c'est un entrelacs d'univers oniriques dont la rencontre engendre la matière même de l'œuvre. C'est l'univers de Bert – cet être esseulé se disant « orphelin de père en fils », aspirant à connaître de nouveau son heure de gloire auprès de la petite communauté du Moonshine Bowling – qui croise l'univers d'un fabulateur albinos, les deux se confondant pour leur permettre d'affronter ensemble la dureté du monde en s'en inventant un à leur mesure. C'est l'univers de la triste et tragique Léa, vivant de la vente de cigarettes iroquoises de contrebande et souhaitant « se faire ligaturer pour ses 18 ans », qui s'entremêle à l'univers d'Albert, le magicien amoureux, et à celui de tout un petit monde composé d'un boxeur, d'un écrivain français, d'un père militaire, d'une sœur exaltée qui se fait religieuse par dépit amoureux, d'une interprète de chansons réalistes. C'est aussi l'imagination d'un timide apprenti cinéaste qui se heurte à l'univers forain des « créatures » mélancoliques du parc Belmont. Ces mises en rapport souvent improbables transforment une réalité très concrète par le déploiement d'une irréalité subjective, certes tributaire de ce réel, intimement rattachée à lui, mais qui devient une excroissance féconde, hypertrophiée de ce que le monde offre d'espace intérieur illimité.

L'imaginaire n'est jamais chez Forcier un moyen d'échapper au réel, mais plutôt ce qui permet de mieux le révéler, sinon d'en présenter un autre versant. Et c'est là précisément qu'il se situe le plus près des surréalistes et de cette idée que soutenait André Breton dans le premier *Manifeste du surréalisme* : celle d'une union de « ces deux états, en apparence si contradictoires, que sont le rêve et la réalité, en une sorte de réalité absolue, de *surréalité*[1] », cette surréalité étant contenue dans la réalité même. Les cinq films réalisés dans les années 1980-1990 effaceront littéralement la frontière

1. André Breton, *Manifestes du surréalisme*, Paris, Gallimard, 1985, p. 24.

entre le monde concret des faits et la vie onirique des personnages, entre la réalité extérieure et la réalité intérieure, au point de muer l'existence de ceux-ci en rêve éveillé. Cette vision poétique est ce qui permet d'accéder à une authentique sublimation des personnages et des lieux, qui n'est pas tant une manière de les magnifier que de révéler ce qui les habite et fait d'eux des êtres uniques ; d'accomplir la fusion du rationnel et de l'irrationnel pour atteindre une forme de réalité supérieure.

C'est ainsi que surgit une forme de merveilleux, qui permet littéralement d'arracher les personnages aux contingences du quotidien. S'il est clair depuis toujours que, pour ce cinéaste, le réel est en soi surréel, et même que la surréalité *est* le réel tout entier, c'est qu'on voit comment le comique de certains gestes et dialogues absurdes du quotidien fournissent leur lot d'extravagances issues de la dimension la plus éclatante de la vie. Ce n'est toutefois que dans la seconde partie de son œuvre qu'il laissera la part belle à ce qui s'exprimait jusqu'alors de manière plus ténue. En faisant voler un albinos dans le ciel de Montréal parmi les aurores boréales, en transformant Rex Prince en homme-canon pour lui faire suivre une ensorcelante femme à barbe, Forcier ne vient que prolonger ce qui déjà animait son cinéma depuis le « joyeux délire » que constituait *Chroniques labradoriennes*. Le merveilleux est dès lors ce qui permet d'accéder le plus profondément à ce qui anime des hommes et des femmes à la fois atypiques et « ordinaires », pris dans des situations qui les emprisonnent, mais face auxquelles ils se présentent en esprits libres. Il ne s'agit pas pour eux d'une lutte active contre ce qui les entrave, mais plutôt d'un état, d'une façon d'être dégagés de tout, à laquelle ils ne peuvent se dérober tellement elle fait partie d'eux. Abolissant la séparation qu'imposeraient les limites du raisonnable et du vraisemblable, ces êtres ignorent quelque forme de pression morale, ecclésiale, sociale que ce soit.

Mais l'humour et le burlesque permettent aussi d'aborder le territoire de la surréalité. Forcier joue constamment avec la vie en mettant en évidence les éléments perturbateurs qui opèrent un décalage plus ou moins marqué avec ce que l'on pourrait considérer comme plausible. Deux policiers se mettent à danser sur une rivière gelée (*Le retour de l'Immaculée Conception*), une boule de quilles se charge de vertus presque magiques, un gâteau additionné de laxatif offert aux orphelins travaillant dans une mine abitibienne détermine l'issue d'un vote aux élections syndicales (*Je me souviens*), ou encore un père se trouve littéralement «étampé dans le mur» par son fils (*Embrasse-moi comme tu m'aimes*). Dans notre monde perçu par le regard de Forcier, les réalités les plus sordides peuvent prendre inopinément une tournure des plus bouffonnes. Lorsqu'un prisonnier en permission récite, cigarette au bec, le *Je vous salue Marie* devant le cercueil de son père dans *Night Cap*, lorsque Carmen paye «en nature» le stimulateur cardiaque de sa fille dans *L'eau chaude l'eau frette*, lorsque Bert et Frank se soûlent au sirop contre la toux pour se réchauffer et affronter la détresse sourde qui les gagne dans *Au clair de la lune*, il est évident que ces situations insolites et cruelles sont issues de la vie même, et que nous n'avons pas quitté la trivialité du quotidien. Mais lorsque la très dévote sœur Albertine prend les traits de son frère dans la désopilante scène de la prière d'*Au clair de la lune* ; lorsque Félix Cotnoir voit à ses côtés son amour fantasmé sous la forme d'une sirène ayant sa propre voix ; lorsque Grace dans *Les États-Unis d'Albert* assiste, amusée, comme si elle était au théâtre, à l'assaut du fantôme de Jane Pickford folle de désir pour Albert et qui même après sa mort refuse de se laisser oublier, plus de doute que cela appartient à un autre registre, là où l'humour permet de s'écarter du sillon, de dévier de la ligne droite du récit trop classique. Dès lors, l'insolite ouvre une voie d'accès vers une forme de supraréalité, sinon d'absolu : absolu de l'amour, de l'union des êtres, de l'espoir qui repousse sans cesse toute limite.

L'imagination souveraine

Un des traits fondamentaux du cinéma de Forcier est de présenter des êtres au cœur gonflé d'absolu. Tous ensemble, ils forment une communauté d'hommes et de femmes qu'une poussée irrésistible entraîne hors des limites de la raison raisonnante et du quotidien le plus morne. Ce sont des rêveurs agissant sans esprit calculateur, cherchant par des chemins maladroits à conquérir le cœur d'un être inaccessible, que ce soit Raymond qui étrangle par jalousie celle qu'il aime ;

madame Vanasse secrètement amoureuse de monsieur Croteau ou Julien de Carmen (*L'eau chaude l'eau frette*) ; Félix Cotnoir qui s'écrit des lettres d'amour et poursuit jusqu'à Saint-Pierre-et-Miquelon le fantasme d'Helena (*Kalamazoo*) ; Florence éprise de Gaston qui, lui, est fou de Soledad qui, elle, fait languir Tibo (*Une histoire inventée*), ou Rex Prince envoûté par Paula Paul (*La comtesse de Baton Rouge*). Les personnages entraînés dans une quête amoureuse éperdue ou impossible sont innombrables et, chez chacun d'eux, l'élan amoureux est plus fort et violent que tout ce qui l'entrave. Bien que ces êtres ne cessent de se heurter à la petitesse ambiante et qu'inexorablement leurs désirs se trouvent contrariés, la force de ce qui les pousse en avant, mêlée au pouvoir de leur imagination, les emporte vers un espace impénétrable qui transcende la banalité de leur vie quotidienne. Ainsi, dans la seconde partie de l'œuvre, tous les fantasmes qui littéralement *prennent corps*, ou à l'inverse les êtres réels qui deviennent fantasmes – depuis Florence qui, lorsqu'elle marche dans la rue, entraîne à sa suite un « essaim d'hommes » envoûtés par les mélopées qui se répandent depuis sa fenêtre lorsqu'elle fait l'amour (*Une histoire inventée*) jusqu'au désir d'une sœur pour son frère, qui pousse celle-ci à le poursuivre sans relâche –, en franchissant les bornes de la vraisemblance, ont libéré l'imagination du cinéaste, laissant surgir à l'écran les visions les plus folles. Pour reprendre les mots de Gaston Bachelard : « Le caractère anormal de l'image ne veut pas dire qu'elle est artificiellement fabriquée. L'imagination est la faculté la plus naturelle qui soit. [...] Tout projet est une contexture d'images et de pensées qui suppose une emprise sur la réalité[2]. » On comprend alors que ce qui a pu paraître, dans *Au clair de la lune*, comme des artifices un peu déroutants à l'intérieur d'un univers jusque-là d'apparence plus réaliste ne repose en rien sur des éléments surajoutés, greffés à ce réel, mais offre un moyen plus libre encore d'accéder à un domaine souterrain, présent depuis les premiers films, quoique de façon davantage contenue. C'est donc à cette imagination dérobée que Forcier donnera libre cours en mettant en images un univers exalté par le désir, le rêve, la passion.

Or, de film en film, ce sont les femmes, avec leur énergie, leur pouvoir d'attraction et leur aplomb, qui dynamisent le récit, même si elles en sont rarement les personnages principaux. Que serait *L'eau chaude l'eau frette* sans la présence explosive de Carmen (interprétée par Sophie Clément), qui provoque involontairement un meurtre et un suicide ; sans l'aura magnétique de France Castel dans six réalisations depuis *Une histoire inventée* ; et sans la fougueuse exubérance de Céline Bonnier dans les quatre plus récents films (qui avait auparavant interprété la Manon exaltée du *Vent du Wyoming*) ? Peut-on considérer que pour Forcier, « la femme est l'avenir de l'homme », tel qu'il est dit dans *Les États-Unis d'Albert* ? Chose certaine, à partir d'*Une histoire inventée*, son œuvre devient clairement un hommage aux femmes qui, si elles se trouvent sublimées, ne prennent jamais l'allure de figures éthérées, même lorsqu'elles apparaissent comme de pures

2. Gaston Bachelard, *La poétique de l'espace*, Paris, PUF, 1992, p. 202.

projections fantasmatiques. Bien qu'elles soient de plus en plus façonnées par l'imagination des hommes, elles conserveront toujours une présence extrêmement terrestre et sensuelle. Depuis le personnage de Michèle (Madeleine Chartrand) dans *Bar Salon*, de Florence (Louise Marleau) dans *Une histoire inventée*, de Grace (Émilie Dequenne) dans *Les États-Unis d'Albert*, jusqu'à celui de Berthe (Juliette Gosselin), d'Yvonne (Céline Bonnier) et de Marguerite (Mylène Mackay) dans *Embrasse-moi comme tu m'aimes*, les femmes sont vives, frondeuses et beaucoup plus fortes que les hommes, qui ne peuvent qu'en rêver sans parvenir à canaliser l'ardeur qui brûle en elles.

Si les rôles semblent s'inverser avec *Embrasse-moi comme tu m'aimes*, alors que Berthe désire son frère qui repousse ses avances, c'est bien elle pourtant qui maintient son emprise sur la vie de celui-ci en s'immisçant dans ses rêves et ses pensées les plus intimes – car il n'est pas de pouvoir plus grand que celui qui s'exerce sur notre vie intérieure. C'est elle qui conduit la destinée de Pierre, et qui, en quelque sorte, écrit l'histoire du film. Berthe se rebelle contre ses jambes paralysées, elle rue dans les brancards, veut vivre, aimer, séduire. Elle attend que ce frère jumeau, par son amour, la libère de la prison où les circonstances de sa naissance la maintiennent (le cordon ombilical de son frère enroulé autour de ses jambes lui en aurait fait perdre l'usage). Sa délivrance s'opère par la puissance de l'imagination, par sa capacité à *se faire rêver* en déesse de l'amour par son frère, qu'elle entraîne dans les danses les plus érotiques. Cette métamorphose s'achèvera lorsque, à la fin du film, la Berthe fantasmée et la Berthe réelle se trouveront réunies dans le même plan, toutes deux emportées par Pierre, roulant sur une route de campagne, vers on ne sait quel horizon. Si *Embrasse-moi comme tu m'aimes* est empreint d'une mélancolie que l'on n'avait pas sentie à ce point prégnante depuis *Le vent du Wyoming*, quelque chose de plus fort encore emporte le film, qui est ce désir de transformation, de mouvement et de liberté, en même temps qu'une force qui, ici comme toujours, soulève les cœurs... comme on soulève les montagnes.

C'est que cette quête effrénée d'amour qui s'empare du cœur des hommes et des femmes est dégagée de tout caractère anecdotique. Jamais les difficultés rencontrées pour conquérir l'objet du désir ne sont prosaïquement présentées. Et même lorsqu'on est témoin des stratégies imaginées par Berthe pour garder son frère auprès d'elle, comme auparavant on l'a été des ruses du jeune Julien de *L'eau chaude l'eau frette* pour se rapprocher de Carmen, ou encore des péripéties invraisemblables affrontées par Félix Cotnoir pour rejoindre la femme de ses rêves, jamais le récit ne se soumet à un enchaînement d'événements menant à un dénouement logique. Dans ces quêtes sans fin, tout fuit et se délite. L'amour et le désir étant partout présents mais inaccessibles, il s'agit plutôt pour les personnages d'un appel douloureux et pourtant plein d'espoir lancé en direction d'un être rêvé. Aussi charnels en apparence que soient ces êtres vers lesquels tend l'âme tout entière des personnages, il arrive que la part de projection mentale que comporte cet élan demeure à ce point incertaine que c'est l'existence même des êtres convoités qui peut parfois paraître hypothétique. Le fantôme de Paula Paul de Nerval existe réellement dans l'imagination de Rex Prince, de même que Liam Hennesy pour les femmes que séduit ce bel Irlandais tombé de « nulle part ». Toutefois, les strates et les entremêlements des mondes intérieur et extérieur deviennent si indiscernables qu'ils déplacent le récit hors des questions d'amour déçu. Chacun de ces récits touche à un absolu intemporel, plaçant dès lors l'amour au rang des plus grandes forces capables de conduire celui qui s'y abandonne à transcender sa condition, tout en étant une des plus redoutables puissances de réenchantement du monde.

C'est ainsi que le merveilleux passe essentiellement par la voie des méandres amoureux. Si la communauté, tel que nous l'avons vu, s'impose comme un des ciments de la société, l'amour, lui, dans la mesure où il se dérobe sans cesse, isole les êtres au sein du groupe. C'est que leur quête amoureuse absolue les place dans un état de mélancolie qui, même au milieu des autres, fait d'eux des individus esseulés. De Julien à Félix Cotnoir, de Gaston à Rex Prince, en passant par ces inconsolables amoureux que sont Manon, Léa et Albert le magicien, tous subissent l'appel de cet abîme qui les place en retrait du monde. Léa dira d'ailleurs au sujet de celui qui vient d'entrer dans sa vie : « Je commence à l'aimer, mais je m'abîme à l'abîmer. » L'amour ouvre un gouffre dans lequel se perd le rêve du commun, du partage et du rapprochement des êtres, d'où cette mélancolie qui, inexorablement, teinte la seconde partie de l'œuvre.

Il y a quelque chose d'irréconciliable entre cet espace chimérique vers lequel les pensées vagabondes

des personnages amoureux les conduisent et l'environnement où ils vivent. Non pas qu'ils s'en trouvent expulsés car, bien au contraire, les rêveurs, livrés à la fougue propre aux hommes non domestiqués, sont accueillis pour ce qu'ils sont, à l'instar de tous les marginaux du cinéma de Forcier. Ce n'est pas le groupe qui les isole ou les ignore, mais eux qui s'en éloignent, alors que l'essentiel ne les rattache plus à celui-ci. « Le temps qui n'est pas donné à l'amour est du temps perdu », souffle le chant de la sirène à l'oreille de Globenski.

À partir de *Kalamazoo,* un glissement progressif entraînera les protagonistes vers une inadéquation toujours plus grande au monde et à la communauté à laquelle ils appartiennent. Que l'on pense à Léa dans *Le vent du Wyoming*, à Paula Paul dans *La comtesse de Baton Rouge*, mais surtout à la Némésis dans *Je me souviens*, aucun d'eux ne veut se contenter de la place que lui a fixée le destin dans ce monde qui est le sien. Tous rêvent d'un Ailleurs, et l'exil devient alors une autre forme de cette indocilité que l'on reconnaît partout dans cette œuvre.

C'est au bout du monde que le monde peut recommencer

À partir des années 1980, l'appel des horizons lointains se fera de plus en plus pressant. Depuis l'Albinie de l'Albinos d'*Au clair de la lune*, pays rêvé de la mort envisagé comme le lieu d'une libération des maux terrestres, la présence de l'Ailleurs se transformera progressivement pour en venir à se confondre avec un appel affectif ou intime. Ce sera Saint-Pierre-et-Miquelon pour Félix Cotnoir, le Wyoming pour Léa, la Louisiane pour Paula Paul, le Hollywood de Mary Pickford pour Albert, le Mexique du colonel Éternel pour Bob Garrigues (*Acapulco Gold*), l'Irlande pour la jeune Némésis. Le fait que la question de l'exil, de l'appel de l'ailleurs soit tellement présente a certainement à voir avec une reconnaissance, même inconsciente, d'un héritage qui nous a été transmis par les coureurs des bois – eux dont la vie, faite de mouvements, de déplacements, était intimement liée à l'expérience migratoire des autochtones. Cet appel, on peut aussi le reconnaître dans le désir de Pierre de se rendre en Europe, de même que dans le départ de Robert Sincennes qui, dans *Je me souviens*, s'engage dans la Légion étrangère pour « se faire oublier », transportant avec lui l'esprit rêveur de son fils à qui il avait raconté les histoires de Simon le légionnaire. Dans *Embrasse-moi comme tu m'aimes*, le fait de se faire soldat n'a rien à voir avec l'esprit guerrier, mais tout avec celui de rébellion – il s'agit pour Pierre d'aller combattre le fascisme et les nazis « qui chient dans le lit de la démocratie ». On peut aisément imaginer que, dans un autre contexte, Pierre aurait pu rejoindre la Résistance… comme Elio lorsqu'il était encore en Italie. D'innombrables personnages aspirent à une liberté inséparable du besoin de quitter les limites d'un monde familier, d'ouvrir de nouveaux horizons.

Après le point tournant que marque *Au clair de la lune*, nous ne verrons plus un seul film (sinon *Coteau*

Rouge) qui ne soit hanté par l'appel de terres étrangères, devenant la seule issue à ce sentiment de manque et à l'inadéquation au monde qui plombe l'âme des personnages. Il n'est certainement pas anodin que l'affirmation de ce trait survienne après le référendum de 1980 et la mise à mal du rêve collectif qui devait faire de la province un pays, échec qui lui fera affronter une des pires crises de son histoire. Cette crise a par ailleurs provoqué une ouverture qui, certes, peut être perçue comme une fuite, mais qui n'a pas moins permis le développement d'une conscience plus aiguë des liens unissant le Québec au reste de l'Amérique. Conscience que l'on a vue se manifester de différentes manières, au cinéma autant qu'en littérature, à travers un intérêt accru des artistes québécois pour leur « américanité » (ce dont témoigne la série de longs métrages produits par l'ONF à la fin des années 1980 consacrée précisément à ce sujet). Les personnages de Forcier sont nombreux à rêver de partir sous d'autres cieux, venant percer une brèche dans l'univers des premiers films, plus circonscrits géographiquement. Nous sortons tout à coup d'un milieu fermé : un quartier, ses bars et autres points de rencontre, un salon funéraire, pour laisser se prolonger dans d'autres espaces, lointains et inexplorés, ce que les êtres charrient avec eux. Or, ce sont moins les personnages qui se trouvent transformés par les territoires où ils se rendent que ces territoires qui sont métamorphosés par le regard que ceux-ci posent sur eux, apportant du coup ses propres couleurs. Pour Forcier, il ne s'agit en rien, contrairement à d'autres cinéastes de la même époque (notamment les plus jeunes, dont ceux de la « nouvelle vague » des années 1990 représentée par Denis Villeneuve, Manon Briand, André Turpin), de tendre vers une forme d'universalisation de son cinéma, qui demeurera toujours intimement lié à l'identité québécoise. On remarque plutôt que la présence de ces horizons élargis, même lorsqu'ils ne sont qu'imaginés, ouvre un nouveau champ qui participe à l'exploration débridée des voies oniriques que les films empruntent jusqu'à la fin des années 1990. Le rêve d'une Albinie fabuleuse transforme *Au clair de la lune* en odyssée enchantée, quoique cruelle, comme plus tard les récits baroques et déjantés de Bob Garrigues entraîneront le Mexique d'*Acapulco Gold* dans une fièvre des plus délirantes.

Durant ces années charnières, Forcier perd le moteur qui avait jusque-là propulsé son œuvre, souterrainement animée dès ses débuts par ce sentiment, partagé par beaucoup d'autres artistes au cours des années 1960-1970, de participer à la création d'un pays, d'un monde et d'un art encore à inventer. Mais cette perte marque en même temps un tournant et un nouveau commencement. Il trouve dans l'évasion de ses personnages vers un Ailleurs rêvé un moyen de conserver cette part de candeur, qui est une des forces de son cinéma. Que représentent ces «nouveaux mondes» sur lesquels s'ouvre son œuvre sinon ce qui est *regardé pour la première fois*? Les lieux étrangers ont cette qualité de nous apparaître tels que nous ne les avons jamais vus, réinventés peut-être plus librement que pouvait l'être le Montréal des premiers films, devenant des territoires vers lesquels il est possible pour les personnages de projeter leurs fantasmes. Si Gabrielle Roy avait pressenti en écrivant *La petite poule d'eau* au lendemain de la Deuxième Guerre mondiale que «ce n'est que très loin, au bout du monde [...] que l'espoir est encore vraiment libre», que tout peut «recommencer à neuf», Forcier voit dans l'extension de son territoire imaginaire vers des contrées lointaines une nouvelle envolée pour son cinéma. Envolée qui ne cessera de se poursuivre jusqu'à la fin magnifique de *Je me souviens,* avant de prendre, avec *Coteau Rouge* qui le ramène dans le Longueuil de sa jeunesse, un nouveau chemin toujours à tracer.

5
Forcier, créateur de mythes

Entre la Rive-Sud, Montréal et l'Amérique

André Forcier, qui réalise ses premiers films à la fin des années 1960, s'inscrit clairement dans le mouvement d'affirmation nationale associé à la Révolution tranquille. En cela, il est un des créateurs qui participeront avec le plus de vivacité à la mise au monde symbolique du Québec au moyen de la représentation artistique. Tout en déployant une fabuleuse force imaginaire, ses fictions recèlent une part de l'utopie fondatrice qui permet à une communauté d'accéder à elle-même. Mais chez lui, de même que chez la plupart des cinéastes et créateurs issus de la Révolution tranquille, ce désir de « fondation » ne va pas sans le versant plus négatif de cette aspiration, venant révéler du même coup une impossibilité fondamentale. Ce à quoi son cinéma participe, c'est à l'émergence de ce que Pierre Nepveu a défini comme une « pseudo-épopée » nationale, soit une « grande célébration, mais débouchant à tout moment sur un constat de dégradation ou même sur la négation du réel[1] ». Ou encore à ce qu'Hubert Aquin nommera dans *Prochain épisode* son « épopée déréalisante ».

Forcier ne cherche pas à glorifier quelque héros plus grand que nature mais, au contraire, à présenter des êtres qui, par leur incapacité même à s'inscrire dans

1. Pierre Nepveu, *L'écologie du réel*, *op. cit.*, p. 19.

le monde – à l'image d'un peuple québécois incapable de trouver sa place dans l'histoire –, aspirent à atteindre quelque chose de plus grand qu'eux au milieu d'un monde « informe », chaotique et souvent dépeint sous l'aspect d'un tumulte désordonné, dont la fête de *L'eau chaude l'eau frette* et le foisonnement baroque des situations abracadabrantes du *Vent du Wyoming* marquent le paroxysme. Ces êtres animés par cette soif d'absolu apparaissent aussi familiers que sublimes, jetant les bases de ce que l'on pourrait envisager comme ce mythe populaire fondateur qui fait défaut au ciment d'une société aspirant à définir sa place en Amérique. Plus encore que chez ces autres cinéastes ayant participé au mouvement d'affirmation culturelle des années 1960-1970, on décèle chez Forcier la volonté d'insuffler aux récits cette dimension épique que l'on retrouve chez des écrivains tels que Miron, Aquin et, bien sûr, Ferron, ce qui est une autre manière de se mesurer au réel. Les « bons à rien », aussi affligés par le destin qu'ils le soient, sont emportés par cet élan de l'âme qui les élève à hauteur de tragédie. Malgré ce qu'elles ont de candide, la bonté de Charles dans *Bar Salon* de même que la détresse amoureuse de Julien dans *L'eau chaude l'eau frette* les lient à une expérience humaine primordiale qui, au-delà des échecs qu'ils cumulent et qui font d'eux des « ratés », révèlent des êtres plus grands que leur condition. À travers eux, c'est à une certaine grâce qu'il nous est permis de toucher, qui a tout de celle qui caractérise les personnages de Kaurismäki, ce gardien de nuit des *Lumières des faubourgs*, « l'homme sans passé » du film éponyme, les chômeurs d'*Au loin s'en vont les nuages*. Le potentiel tragique de ces films émane autant de la tendresse infinie qu'ils expriment que d'une capacité à susciter l'émerveillement par leur seule présence à l'écran.

L'excès dont les personnages de Forcier font preuve devient le signe d'une impuissance dans laquelle finit par s'épuiser cette surenchère même. L'épopée maritime qu'entreprend Félix Cotnoir pour retrouver Helena s'achèvera par son suicide, tandis que pour Albert, le désir de rencontrer Mary Pickford et de conquérir Hollywood se transformera littéralement, au cours de sa traversée du désert, en un lointain inaccessible. Si, pour créer ses personnages, le cinéaste puise à même les fantasmes collectifs d'un peuple hanté par l'échec, il n'en invente pas moins une galerie de figures mythiques, mais dont le rapport à l'héroïsme se trouve inversé. Bob Garrigues, le « héros » halluciné d'*Acapulco Gold*, verra ainsi dans sa rencontre avec Elvis Presley (figure « mythique » populaire par excellence), qui se produira plusieurs années après le décès officiel du chanteur, le signe qu'il a l'Esprit saint avec lui. Mais sous ses dehors de blague légère, le récit que Garrigues fait de cette rencontre avec Elvis (alias le colonel Éternel) au producteur hollywoodien auquel il cherche à céder son histoire cache avant tout la conscience tragique d'un peuple sans mémoire, dépourvu de mythes qui lui soient propres. Dans la mesure où il n'y a rien à transmettre, il s'agit de s'approprier le mythe des autres pour se construire une mémoire fabuleuse. Ou de se fabriquer une origine légendaire, à l'instar d'Honoré Blanchard dans *Coteau Rouge*, qui raconte à ses enfants, à ses petits-enfants, et même à la fin du film, à son arrière-petit-fils, comment il a été « cueilli » bébé sur une rive de l'Île-aux-Fesses, lieu sacré des amoureux, après avoir été déposé là par sa mère : un esturgeon gros comme une baleine, ayant le pouvoir de faire disparaître les cadavres (ceux des « pourris » de la société) jetés dans le fleuve.

Or, ce récit par lequel il s'agit de suppléer à une mémoire manquante rejoint parfaitement le sous-texte de *Je me souviens*, qui évoque ce phénomène d'amnésie collective que le cinéaste perçoit dans le Québec actuel. Lorsqu'on sait que dans la mythologie grecque Némésis est la déesse de la vengeance, et parfois même la réparatrice de l'histoire, on comprend pourquoi la jeune fille qui porte son nom suivra les pas de Liam, sorte d'Ulysse un peu surnaturel. Ce combattant de la révolution en Irlande ayant quitté son pays après sa partition apparaît au fin fond de l'Abitibi comme s'il était investi d'une mission : offrir à Némésis la mémoire d'un peuple qui n'a jamais cessé de se battre pour exister.

On peut voir ici encore ce qui rapproche un grand nombre de personnages de Forcier, surtout dans la première partie de son œuvre, de ceux d'*Accattone* et de *Mamma Roma* qui, bien avant que Pasolini n'affronte les récits d'*Œdipe roi*, de *Médée* et de *L'Orestie*, étaient déjà chargés de cette puissance primitive de la vie à l'état pur qui leur conférait des résonances quasi mythiques. Les personnages de Pasolini sont sans contredit des rois et des reines des faubourgs, différents en cela de ceux de Forcier. Il n'en reste pas moins que les hommes et les femmes qui ont marqué ses films, à l'égal des petits délinquants, souteneurs, (ex-)prostituées des banlieues romaines de Pasolini, propulsent la matière la plus vive du réel vers ce qu'elle comporte d'universel, et ce, jusqu'à l'élever au rang de mythe.

Mais c'est à nouveau Jacques Ferron qui nous vient ici à l'esprit, lui qui n'a cessé de tirer du cœur même de la culture populaire une foule de figures légendaires toutes plus fabuleuses les unes que les autres, et cela, malgré le fait qu'elles apparaissent familières à quiconque connaît ce Québec des gens «ordinaires» (et pourtant hors du commun) auxquels il s'est toujours attaché. Une des particularités du cinéma de Forcier est d'avoir rompu avec l'influence que la Nouvelle Vague a exercée sur le cinéma québécois des années 1960, en même temps qu'avec la veine la plus réaliste d'un cinéma social préoccupé de faire vivre à l'écran le petit peuple *tel qu'il est*. Le cinéaste aura beau répéter qu'il n'invente rien, qu'il n'a fait qu'observer le réel pour en tirer la richesse qu'il recèle, ce qu'il invente par contre, c'est un univers non seulement de conte, mais aussi de mythes : ces mythes fondateurs et populaires qui constituent le ciment d'un peuple. Il a su percevoir dans ces zones sans loi ni ordre établi le lieu de fondation d'une mythologie spécifiquement québécoise, et cela, à une époque où le Québec cherche précisément, à travers sa culture populaire, à définir un espace symbolique qui lui est propre. Par les moyens du cinéma, il n'a cessé de faire circuler entre ces univers une énergie puisée dans la réalité quotidienne d'un peuple que l'on dit «sans histoire»; de faire émerger de la réalité observable une couleur irrationnelle et fabuleuse. C'est dans cette volonté de tirer du réel une valeur transcendante qui le mythifie que l'on décèle une dimension fondatrice. Les mythes sont là, ils font partie de l'essence même de toute culture, qu'elle soit québécoise, latino-américaine, caribéenne ou autre. Il ne s'agissait que d'aller les libérer de cette zone souterraine où ils attendaient d'être révélés.

Le grand deuil de l'Amérique

Si l'œuvre de Forcier nous a livré des récits ayant une portée mythologique, c'est qu'elle a su investir des territoires symboliques et affectifs puissants : ceux des quartiers populaires de Montréal et de sa banlieue sud, avant de s'étendre à l'Amérique entière. Le cœur de cette œuvre est pénétré de l'esprit du continent qui s'étend tout autour, mais sous forme d'une conscience fantasmée, tels un appel, une déchirure irréparable entre soi et cet espace inaccessible. C'est que les étendues du territoire nord-américain qui le hante, s'étendant à l'ouest et au sud, abritent la mémoire du rêve et de l'échec d'une Amérique francophone : mémoire des mouvements migratoires des « Canadiens français » en quête d'une vie nouvelle, mais aussi de la déportation des Acadiens, devenus mémoire d'une tentative d'anéantissement d'un peuple[2]. Ce rêve tenace est néanmoins ce qui projette les personnages vers un ailleurs existant au-delà d'eux-mêmes et de l'endroit

2. On retrouve cet intérêt marqué pour les Acadiens dans la série *Gumb-Oh ! là ! là !* qu'André Forcier a réalisée en 2002 pour la télévision. Dans cette série de 13 épisodes, il s'intéresse à la persistance de la culture franco-louisianaise aujourd'hui en allant à la rencontre autant de « Cadiens », de créoles que d'Amérindiens.

où ils se trouvent, dont ils voudraient abolir toute frontière. Constitués de la chair même de ce vaste continent, ils sont pourtant sans cesse recrachés hors de ce lieu rêvé. Or, c'est par le fait même d'être entravé que ce rêve peut s'épanouir jusqu'à la folie dans la fantaisie et l'imaginaire. Imaginaire essentiellement lié à un territoire inaccessible ou perdu.

S'il y a entre *Kalamazoo* et *Je me souviens* une foule de personnages, les pieds ici mais la tête ailleurs, comme aspirés par un horizon lointain, le point ultime de cet appel obsédant reste à ce jour cette figure de Némésis, incapable de parler le français alors qu'elle adoptera naturellement le gaélique qui, sur un autre continent, se trouve encore plus menacé par la langue dominante, l'anglais, que ne l'est le français en Amérique. La situation politique de l'Irlande étant ici rapprochée de celle des Nord-Américains d'origine francophone qui, à l'instar de la jeune Némésis, ont perdu leur langue et leur mémoire, c'est au contact de Liam que cette enfant se souviendra de sa plus profonde aspiration… ce que révèle l'ouverture vers le large, sur la mer et l'infini qui clôt le film.

Malgré cette échappée outre-Atlantique, il n'en demeure pas moins que c'est avant tout vers l'ouest que s'évade l'esprit des personnages, depuis Larry Létourneau, propriétaire du Ranch Buffalo et d'un *grill* western (*Bar Salon*), Gaston le trompettiste qui était parti faire carrière à Cleveland (*Une histoire inventée*), Léa qui rêve du Wyoming, Paula Paul de la Louisiane jusqu'à Albert qui traverse les États-Unis dans l'espoir de se rendre à Hollywood, et qui *se perdra* en route dans le désert de l'Arizona, avant d'aboutir dans une auberge isolée où il fera la rencontre de Noah, qui, de son bateau planté au bout d'un mât, dit entendre le bruit des mouettes, de même qu'Ulysse entendait les voix de Charybde et Scylla. Ces vastes horizons ne se trouvent tragiquement inscrits sous le signe de la perte et d'une impossibilité que pour mieux ressurgir dans l'univers de ces zones hors de contrôle, qui offrent un espace de liberté à tous les « pionniers du dedans » qui habitent si résolument ses films.

Il faut ainsi étendre à l'œuvre de Forcier ce que Pierre Nepveu exprime au sujet de Ferron, voyant que ce qu'il « retient du Farouest, par delà les clichés de la conquête de l'Ouest, brutale et raciste, c'est une idée ou plutôt une figure beaucoup plus riche et plurielle, une figure topologique, sociologique et psychique à la fois : ce que Ferron retient, c'est la frontière, une frontière qu'il réinvente à sa manière, bien sûr, mais qui conserve néanmoins plusieurs traits fondamentaux de ces lieux excentriques où, en Amérique notamment, se sont établies des "collectivités neuves[3]" ». Dès la naissance de celle-ci, il aura su que ce « Farouest tout neuf » était déjà voué à disparaître et il confirmera cette intuition en faisant dire à Tinamer dans *L'amélanchier* que « l'asphalte, le béton, le civisme et la moralité, les gros investissements, les ristournes et le saint bidou béni des franciscains descendent parmi nous, remplaçant le burlesque, le saugrenu et la fantaisie par le pareil et le même de la banalité urbaine, suburbaine, pétrolière et américaine ». Forcier a bien vu cela lui

3. Pierre Nepveu, *Lectures des lieux*, Les Éditions du Boréal, 2004, p. 84.

aussi, et c'est pourquoi il s'attarde à faire vivre avec autant de cœur ces *frontier towns* là, plantées entre ville et campagne, dont on retrouvera la couleur jusque dans ses films montréalais.

Délirer le monde

Quels que soient les lieux que Forcier filme, à Montréal ou sur la Rive-Sud, tous sont hantés par l'instinct de liberté plus ou moins rebelle de personnages échappant à tout contrôle. La banlieue « hors la loi » de l'adolescence du cinéaste contamine son œuvre et offre aux communautés qui la peuplent un espace « sauvage » où investir le monde à leur façon, à l'instar de Ti-Kid Radio, ce cowboy sans monture qu'interprète Gaston Lepage dans *Au clair de la lune*, qui déploie la même fougue à arpenter les rues de l'Est de Montréal sur sa vieille bicyclette déglinguée qu'il en mettrait à parcourir à cheval les plaines de l'Ouest. Les personnages, quels qu'ils soient et chacun à sa façon, vivent dans les marges de la ville, de la vie, de la loi, de la raison, de l'argent, soit de tout ce qui pourrait les enfermer. Ils se maintiennent à la frange d'une société guettée par le conformisme social d'une urbanisation à l'américaine, de même que Ville Jacques-Cartier et Coteau-Rouge se tiennent à la frontière de la ville. À ce titre, *Night Cap* est représentatif de ce jeu sur la frontière qui, ici, fait se rencontrer deux mondes : celui du peuple longueuillois, au sein duquel s'activent d'innombrables petits bandits, et celui des nouveaux riches des rues voisines qui, eux, ont accédé à l'éden américain par le pouvoir de l'argent et, on le devine, d'activités plus ou moins illicites. Véritable Far West de Montréal, la vie et les conflits s'y règlent à l'écart de la loi. La lisière à laquelle se situent les personnages est cette zone instable où tout peut arriver. Et où tout arrive : meurtre, règlement de comptes, chassés-croisés amoureux, magouilles des uns et des autres pour parvenir à leurs fins. Bien que la banlieue «civilisée» aujourd'hui ait bel et bien gagné du terrain sur le développement anarchique initial des quartiers populaires de la Rive-Sud, ne sommes-nous pas dans *Coteau Rouge* en plein cœur d'un western, alors que s'y joue une guerre de territoire entre Miljours, promoteur rapace, ne reculant devant rien pour assouvir son ambition (remplacer les anciennes maisons ouvrières par des condos de luxe) et la communauté de ce quartier qui se ligue pour sauver Coteau-Rouge de la destruction? Tout y est, jusqu'à l'élimination de celui par qui le mal arrive (Miljours). Sauf qu'ici, contrairement à ce que les westerns américains ont toujours présenté, ce sont les Indiens, soit les habitants du quartier aux tactiques pour le moins imprévisibles et jouissives, qui ont le beau rôle dans cette guerre, alors qu'ils parviennent à préserver des ravages de l'avidité financière un espace collectif au sein duquel persiste le charme du désordre de cette banlieue ouvrière.

Forcier ne cesse de saper la vision d'un peuple québécois conformiste et docile, dérivée du modèle des familles traditionnelles vivant groupées à l'ombre des clochers. Si une part importante du sentiment d'appartenance culturelle des Québécois francophones a été forgée par ce modèle, c'est l'autre part, également fondatrice, de cette identité collective que le cinéaste cherche à mettre en lumière : celle des coureurs des bois, des esprits rebelles à quelque ordre, à quelque morale conformiste que ce soit. Dans *Embrasse-moi comme tu m'aimes*, Berthe, Pierre et leur mère Yvonne ne portent-ils pas le nom de Sauvageau, eux qui, chacun à sa manière, présentent ce tempérament sauvage, indomptable qui, tout en les maintenant liés à un réseau de solidarités affectives, électrisent les rapports avec ceux qui les entourent jusqu'à les tirer au-delà des limites assignées par la société. En cela, ce film est certainement celui qui se rapproche le plus du *Vent du Wyoming* et du charme chaotique de la petite société de «hors-la-loi» qui gravitent autour du fameux Motel Oscar.

Voyant de quelle fantaisie Forcier anime le petit motel décrépit planté au pied du pont Jacques-Cartier, sur le boulevard Taschereau, dont il fait pratiquement un des personnages du film, nous n'avons pas de peine à comprendre pourquoi il n'y a rien d'ironique lorsqu'il affirme son attachement à la «beauté» hétéroclite de ce boulevard à demi délabré. Plus que les traces de son adolescence, ce qu'il trouve là, ce sont certainement celles d'une Amérique encore «sauvage», construite sans grand plan financier, sans stratégie globale de promoteurs patentés. C'est le chaos d'une modernité naissante qui savait laisser place à ce que la modernité urbaine rejette aujourd'hui. Ce boulevard et les quartiers environnants présentent le caractère même de l'indéfini, de l'entre-deux. Dans cette Amérique incertaine composée de gens venus des quatre coins du Québec et d'ailleurs, prête à accueillir tous les égarés, les déracinés – que symbolise de façon loufoque Oscar Régimbald, le faux maharadja qui préside au Motel Oscar, surnommé Assourhampal –, la frontière territoriale floue entre les mondes citadin et rural communique directement avec les limites de la raison et toutes les formes de marginalité sociale. Que l'on ne puisse pas déterminer si Julien, Frank, Félix Cotnoir, Bob Garrigues sont sains d'esprit ou s'ils ont perdu la tête dit tout de ce point limite qui demeure indécis, effaçant la démarcation entre normalité et anormalité, sauvant du coup quelque chose de ce peuple d'avant l'expansion illimitée d'idéaux standardisés.

Mais le fait que les personnages se trouvent éjectés du rêve américain pour s'approprier ces fragments singuliers d'une autre Amérique n'a strictement rien à voir ici avec un repli sur un espace culturel fermé sur lui-même. Forcier n'a jamais cessé de présenter l'envers de la façade trop propre d'un Québec homogène en célébrant les brassages et les chocs en tout genre de même que les lieux où rien n'empêche les rencontres les plus improbables de survenir. Les situations sont constamment détournées, les éléments les plus extrêmes télescopés, créant une matière en fusion de laquelle tout peut surgir à chaque instant. Si le film qui a certainement poussé le plus loin cette dynamique est *L'eau chaude l'eau frette*, cheminant tout le long du récit vers un paroxysme délirant, ce détournement et ce mélange d'éléments se reconnaissent encore aujourd'hui dans *Embrasse-moi comme tu m'aimes*. On y trouve la figure tyrannique et loufoque du sergent Boileau, entraînant les jeunes « Canadiens français » à marcher au pas pour « l'Empire britannique », et celle des policiers traquant sur le mont Royal les couples adultères et homosexuels (qu'ils attrapent au lasso !), mais aussi l'envers à cette autorité de façade représenté par le capitaine Turgeon que Pierre surprend portant couche et biberon dans les bras de Mignonne, la prostituée qu'il fréquente lui-même. Et si l'on voit que la société montréalaise d'avant 1960 n'était pas aussi uniformément blanche qu'on veut souvent le laisser croire, que déjà était présente une classe ouvrière noire qui, dans certains quartiers populaires, partageait avec les gagne-petit « canadiens-français » la même pauvreté et la même vie « au service des riches » – ce que nous rappellent les travailleurs noirs du voisinage de la famille Saint-Germain –, le racisme plus ou moins latent que pouvait renfermer l'esprit de l'époque n'est pas gommé pour autant. Ce racisme permettant, par exemple, de demander à une opératrice d'ascenseur d'accueillir les clients en disant « Bienvenue chez Dupré et fils, le plus grand magasin à rayons au service de notre race » (!). Ce qui apparaît, c'est une société contrastée, traversée autant qu'aujourd'hui par une multitude de courants contradictoires et de poussées émancipatrices, que les enchevêtrements jouissifs du récit épousent parfaitement. Le Québec décrit dans ce film, de même que celui de *Je me souviens* (trois ans avant le Printemps érable), ne nous semble soudainement pas si lointain ni si étranger…

Il faut voir que Forcier cherche moins à liquider ce qui appartient à la tradition qu'à garder vivant tout ce qui déborde d'elle, excède la fausse homogénéité de la société québécoise. Il cherche à préserver la fantaisie et l'invention qui, à chaque instant, surgissent en marge des conventions. Ou alors, il prend appui sur elles et sur les traces que le passé laisse chez des individus qui, eux, n'en ont que faire. Il s'attache aux traits et aux microcodes culturels qui se manifestent dans la langue, les habitudes, les comportements, les relations entre les êtres de manière à ancrer ses histoires dans des environnements reconnaissables. Partant d'un « ici » clairement défini, qui est pour lui Montréal et sa Rive-Sud, son cinéma demeurera ainsi perpétuellement ouvert à la complexité du monde dont il est issu. Un monde qui se forme et se transforme dans chaque individu qui le construit en s'y projetant, de même que chaque personnage auquel le cinéaste donne vie façonne l'univers de ses films à la mesure du territoire en devenir qu'il habite. Ce territoire s'élargit en prenant forme ici et ailleurs dans la tête de ceux qui le rêvent, faisant en sorte que la représentation, plutôt qu'être figée ou muséifiée dans une collection de traits folkloriques typiquement québécois, demeure vivante et mouvante. C'est pourquoi, même si *Je me souviens* est situé dans l'Abitibi de 1949, l'image du Québec qu'on y trouve n'y est jamais exclusivement tournée vers le passé. Ce film interroge le temps présent à travers le regard qu'il pose sur les années dites de la Grande Noirceur – tout comme le fera *Embrasse-moi comme tu m'aimes*, qui se passe dans le Montréal de 1940. Il pointe la dilapidation de nos richesses naturelles, vendues un sou la tonne par le premier ministre Duplessis, qui refusait par ailleurs de taxer le profit des banques – ce qui, par les temps qui courent, prend un caractère on ne peut plus actuel. Il interroge notre amnésie et notre apathie politique en même temps qu'il met en lumière un potentiel de liberté et de résistance qui, chez les Québécois, ne demande peut-être qu'à être ranimé.

Loin de cette vision d'un Québec prémoderne pétri de morale et de religion, Forcier présente un autre visage de celui-ci, bien qu'il ne cache pas que ce Québec-là ait existé. Il déstructure la fiction construite par ceux qui, après avoir participé à la Révolution tranquille et occupé massivement jusqu'à aujourd'hui les postes de pouvoir et d'influence, ont fabriqué une mythologie par laquelle ils se sont attribué la position avantageuse d'appartenir à une génération spontanée qui aurait tiré le Québec du néant (ou de la «noirceur»). Si Forcier appartient à cette génération née au lendemain de la guerre, lui qui ne s'attribue aucune position d'autorité met en avant une autre mythologie fondatrice que celle qui s'est élaborée partant d'un supposé point zéro ayant permis la «naissance du Québec moderne», mais qui marque avant tout la naissance d'une nouvelle élite. La mythologie de Forcier puise sa sève de la part occultée de ce qui constitue, presque inconsciemment, un des traits essentiels de l'identité québécoise. De ce fait, elle présente une vision du peuple plus complexe que celle généralement perpétuée, notamment par notre cinéma, et même le plus récent qui, traversé depuis une dizaine d'années de façon presque obsessionnelle par des figures de religieuses, de curés, par notre passé catholique, par la perte du religieux, n'a fait que reconduire la part la plus convenue, la plus visible, de notre histoire.

Or, si la religion catholique est partout présente dans *Je me souviens* et *Embrasse-moi comme tu m'aimes*, c'est pour mieux montrer comment certains savaient la détourner et se libérer de son emprise. Il faut voir pour s'en convaincre les ouvriers d'une mine tenir tête au pouvoir politique du clergé, ou le colosse Réal Saint-Germain faire l'amour dans le hangar avec son ami séminariste avant de se rendre compte que celui-ci porte une ceinture cloutée qui lui perce la peau : un cilice, «pour me rappeler que j'ai péché», dit-il. Le détournement comique de cet instrument de mortification, ici comme dans *Au clair de la lune*, traduit le double rapport d'acceptation de façade et de dérision secrète qu'une bonne partie du peuple a entretenu face à tous les moyens d'asservissement (ce dont par exemple le caractère irrévérencieux des chansons à répondre a conservé la trace).

La conscience qu'a Forcier d'une culture populaire rebelle, qui émerge aussi de cette langue qui s'est inventée dans la rue en train d'être effacée par un univers mental standardisé, sous-tend bien sûr la totalité de son œuvre. Est-ce cela qui le retient aujourd'hui, dans les films qui se déroulent à l'époque actuelle, de prêter à ses personnages une langue définitivement disparue ? La «dépoétisation» de sa langue, qui n'a jamais perdu pour autant de sa verve truculente, ne vient sans doute pas d'un choix tranché, mais d'une conscience de la transformation de la société québécoise. Cette même conscience qui taraudait déjà Pasolini dans les années 1970, alarmé de voir la culture et la langue du sous-prolétariat romain être liquidées par la normalisation imposée par une culture de masse.

Aucune affliction, aucun sentiment de perte ne vient pourtant plomber les films de Forcier, constamment emportés par le mouvement de *ce qui est là* sous ses yeux, chez ceux qu'il croise quotidiennement : le voisin, l'ami, le passant, l'acteur, auxquels le cinéaste emprunte quelque chose qu'il fera vivre à l'écran sous un jour nouveau. Même lorsqu'il met en scène dans *Coteau Rouge* un des derniers îlots de résistance face à l'avancée effrénée du confort moderne, il n'y a pas de nostalgie possible tellement la force de résistance et d'invention de ceux qui occupent l'espace s'inscrit dans le temps présent. S'affirme chez eux une attitude joyeusement subversive – et politique, même si elle ne se présente jamais comme telle –, qui participe à une recomposition communautaire salvatrice.

Le Québec de Forcier ne meurt pas, il est en train de naître, douloureusement, certes, et sous l'assaut de forces funestes qui sont, ici comme partout, celles de la tyrannie mondialisée de l'argent et de la corruption, qui se trouvaient déjà au centre de *Night Cap*. Ce qui se crée de film en film, c'est un monde vivant, prenant forme par ces êtres et dans ces zones limites vers lesquelles le regard de ce créateur hors-norme nous entraîne, toujours prêt à nous déstabiliser, à nous projeter là où nous n'imaginions pas aller.

Malgré l'adversité redoutable à laquelle fait face le cinéaste, qui mène une guerre quotidienne pour que ses films voient le jour, malgré également ce qui pourrait tirer inexorablement son cinéma vers le versant plus mélancolique de son œuvre, quelque chose de plus fort s'entête à secouer la fatigue du présent, refusant de céder devant ce sentiment d'impuissance qui mine la société québécoise. Cet entêtement n'a pourtant rien de volontariste ; elle appartient à cette force vitale qui anime l'œuvre, plus vive que le désespoir et que toutes les lassitudes. Un entêtement que l'on pourrait croire animé par une foi en l'Homme, mais qui l'est plutôt par un engagement indéfectible à l'égard de quelque chose de plus grand encore, que seule la force des liens humains – autant ceux de l'amour que de la solidarité et de l'amitié – peut permettre d'atteindre, bien que ce « quelque chose » demeure toujours au-delà, toujours à venir. Il s'agit là d'une obsession, d'un désir inextinguible guidant depuis 40 ans les rêveurs clandestins qui peuplent l'univers de Forcier.

Les obsessions qui traversent les films, et les réseaux qui se tissent entre elles, sont précisément ce qui, par une réappropriation symbolique du monde, ouvre l'œuvre à ce qui la déborde. Les histoires y sont des histoires d'Amérique amplifiées par l'irruption du mythe et par un élargissement de l'horizon de l'imaginaire québécois, qui reconnaît ses accointances avec celui des Acadiens, des Cajuns. Une Amérique *délirée*, au sens où Deleuze dit que l'on « délire le monde » dans un délire cosmique qui hante l'histoire universelle. Un territoire issu de l'élan du rêve et du désir de personnages qui, de film en film, renversent la perception faisant d'eux les « parias », les irrécupérables de l'autre Amérique (celle de la réussite et de l'argent), dès lors qu'ils participent à la construction d'un paysage intérieur qui outrepasse toute frontière. Forcier a su faire de cette puissance délirante la voie royale vers la création d'un rapport au monde peut-être moins fantasmé qu'exacerbé. Ce monde a la fulgurance d'une vérité profonde. C'est pourquoi il impose avec tellement de force la présence insolite et radicalement singulière de cette œuvre dans l'histoire du cinéma québécois.

Tavernes, bars, *delicatessen*, bowling, motels de la Rive-Sud. Ces lieux de rencontre, de passage, existent ici comme nulle part ailleurs.

Night Cap, Le vent du Wyoming, Au clair de la lune

Checker Cab, « minounes » transformées en comètes, Edsel rêvée. Les autos, véhicules de l'inexprimable.

Kalamazoo, Au clair de la lune, La comtesse de Baton Rouge

Doués d'un pouvoir magique, les objets nous parlent.

Au clair de la lune, Une histoire inventée,
Embrasse-moi comme tu m'aimes

Entre tragique et burlesque…
Forcier sait ce que le réel possède de surréalité.

Bar Salon, Chroniques labradoriennes, Acapulco Gold

Les enfants rebelles appartiennent à la chair vive du monde. Ils sont le révélateur de l'univers de mensonges des adultes.

L'eau chaude l'eau frette, *Embrasse-moi comme tu m'aimes*, *Je me souviens*, et une reconstitution de *La mort vue par…* dans *La comtesse de Baton Rouge*

Plus puissants que tout, apparitions et fantasmes
s'immiscent dans la vie jusqu'à ne plus se distinguer du réel.

Au clair de la lune, Embrasse-moi comme tu m'aimes,
La comtesse de Baton Rouge

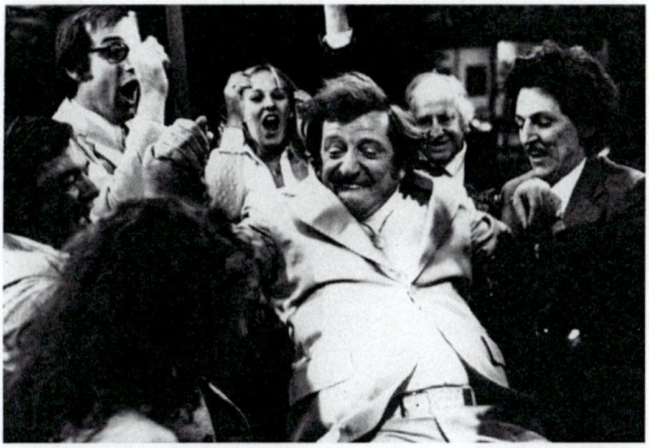

Délires festifs, cirque forain du parc Belmont, cabarets.
La vie comme un spectacle de tous les instants.

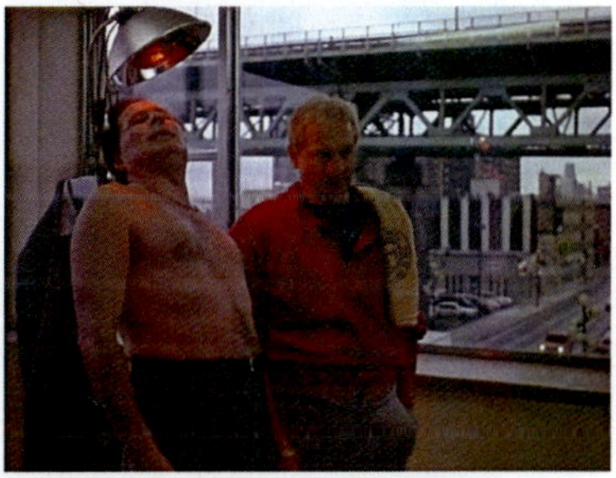

L'eau chaude l'eau frette, Le vent du Wyoming,
Embrasse-moi comme tu m'aimes

Les femmes, vives, fortes, charnelles.
Leur pouvoir d'attraction met le feu à toutes les histoires.

Les États-Unis d'Albert, La comtesse de Baton Rouge,
Le vent du Wyoming

Montréal, ville libre d'avant l'embourgeoisement.
L'esprit du petit Farouest de Ferron rayonne jusqu'ici.

Le retour de l'Immaculée Conception,
Embrasse-moi comme tu m'aimes, Le vent du Wyoming

Des acteurs transfigurés par leurs personnages.

France Castel, Albert Payette et Françoise Berd dans *Le vent du Wyoming*, Guy L'Écuyer dans *Bar Salon*, Françoise Berd, Jacques Marcotte et Anne Villeneuve dans *Night Cap*, Céline Bonnier dans *Coteau Rouge*, Roy Dupuis et Hélène Bourgeois dans *Je me souviens*

ANDRÉ FORCIER
EN 25 FRAGMENTS

C'était au mois de mai et André Forcier vivait la tête bourdonnante du scénario de *Bébés-Fourneau* (devenu plus tard *Embrasse-moi comme tu m'aimes*) qu'il terminait d'écrire avec Linda Pinet, sa compagne et collaboratrice depuis plus de 20 ans. Il me racontait encore et encore le récit de l'improbable amour d'un jeune homme et de sa sœur jumelle handicapée dans le Montréal de la Deuxième Guerre mondiale, et de la flamboyante communauté qui les entoure.

C'est dans ce contexte que, pendant une semaine, je suis allée rencontrer le cinéaste chaque matin chez lui à Coteau-Rouge. Là où, trois ans auparavant, dans cet ancien quartier ouvrier de la Rive-Sud de Montréal, il avait tourné un film en hommage à une *communauté indomptable* qui unissait ruse et solidarité afin de sauver les modestes maisons de ce quartier des griffes d'un entrepreneur prédateur. Tout au long d'une discussion qui nous a fait suivre le fil d'une œuvre comptant aujourd'hui 15 films, les bruits de construction à quelques mètres échauffaient mon interlocuteur, qui crachait sa colère contre le condo anonyme et son mur aveugle de trois étages venu remplacer la petite maison bleue et le jardin dans lesquels le cinéaste avait campé l'histoire de *Coteau Rouge*. Est-il besoin d'insister sur le fait que chez André Forcier, la vie et le cinéma sont irrémédiablement inséparables ?

DÉGRINGOLADE

J'ai passé les quatre premières années de ma vie au 8474, Henri-Julien. On habitait un des deux logements du haut d'un triplex. Mon souvenir le plus lointain remonte au soir où j'ai déboulé l'escalier avec ma marchette. À 18 mois, je me suis retrouvé affalé sur le trottoir près d'une grosse roche. Mes parents ont paniqué et m'ont amené à l'hôpital Sainte-Justine. Le médecin les a vite rassurés, il n'y aurait pas de séquelles. Toute vie est une dégringolade.

Enfant de l'après-guerre, je voyais plein de fanfares sur la rue Saint-Denis. J'adorais ce faste-là et cette musique.

Mon voisin d'à côté, un grand Jack qu'on appelait le Grand Beaudoin, faisait des modèles réduits d'aéroplanes. J'allais souvent le voir et il promettait de m'amener faire un tour d'avion avec lui quand il aurait terminé un de ses modèles. Je me disais que s'il était possible de voler, il devait aussi être possible de prendre place dans un si petit avion.

GREENFIELD PARK

Lorsque j'avais cinq ans, mes parents sont déménagés à Greenfield Park pour que j'apprenne l'anglais. Il n'y avait que 8 % de francophones à l'époque. Je tripais sur l'encyclopédie Quillet de mon père. Elle datait des années 30. Il avait mis son argent sur cette luxueuse édition et sur un clavigraphe Underwood portatif. Je passais des heures à regarder des illustrations d'avion. En deuxième année, j'ai fabriqué une machine volante de mon invention avec des branches d'érable à Giguère. Mon père m'avait suggéré de m'inspirer des illustrations de Léonard de Vinci qu'il y avait dans le Quillet. J'avais demandé à ce qu'on me hisse sur le toit de la maison pour que je puisse prendre mon élan, mais on m'a interdit de le faire !

J'aimais la pluie. Quand il y avait des orages, j'allais me perdre dans le grand champ derrière la maison et je revenais plein de bouette.

Après l'école, on se retrouvait, rue Springfield, au Kipp's General Store et on buvait de la liqueur Corona à 5 cennes accompagnée de chips Laurentide à une cenne. On devait parler anglais entre francophones, car au Kipp's, les Anglais ne comprenaient pas le français. Quand ils sont majoritaires, les Anglais sont parfois arrogants. Ils nous menaçaient de nous casser la gueule si on ne parlait pas la langue de l'occupant entre nous. Ils craignaient qu'on parle contre eux.

LES AMANTS DÉBUSQUÉS AU LASSO

Quand j'étais petit, mon père m'aimait. Il m'amenait à la pêche et m'appelait son ti-n'homme. Mes ancêtres avaient vécu principalement de la pêche en eau douce, à Saint-François-du-Lac, là où la rivière Saint-François débouche sur le lac Saint-Pierre. Mon grand-père Donat a transmis son amour de la pêche à mon père, Pierre-Albert. Donat était le cadet d'une famille de douze. Il était né sur la terre paternelle des Forcier qui datait de 1669. Tous les aînés depuis le Régime français s'appelaient Pierre. Pour se trouver une femme, il avait remonté la rivière Saint-François en canot et il est débarqué à Saint-Germain-de-Grantham, où il a épousé Agna Rajotte. Les nouveaux mariés se sont installés sur une terre de roches à South Durham. C'est là que sont nés ma tante Irène (que mon père appelait Ti-Ploune), mon père et la cadette, Rose. À la mort de ma grand-mère Agna, tuée d'une injection faite par un médecin alcoolique, Donat est déménagé à Montréal avec ses enfants, dans un nic à rats, là où se trouve aujourd'hui la Maison de Radio-Canada. Il a gagné sa vie comme débardeur et comme palefrenier pour Malo, un gros livreur de charbon et de glace. Plus tard, il s'est remarié avec Marie Desmarais, la seule grand-mère que j'ai connue. Marie et Donat ont eu ensemble deux enfants, Berthe, infirme de naissance, et Marcel, un athée pratiquant, qui a fait le tour du monde en moto en 1952. Mon père avait voulu lâcher l'école en septième année, mais mon grand-père a exigé qu'il finisse sa douzième. Donat ne connaissait pas l'existence des cours classiques, mais il savait qu'on pouvait étudier gratuitement jusqu'en douzième année à l'école Le Plateau, sur la rue Cherrier, alors il y a envoyé son fils. À l'école Le Plateau, il y avait deux bolés : mon père et Jean Drapeau. Papa l'avait surnommé Ti-Jean les Culottes, parce que Drapeau portait toujours des culottes courtes.

Sa douzième année en poche, Pierre-Albert a commencé à travailler comme commis dans les bureaux de la ville de Montréal tout en suivant des cours en sciences sociales, économiques et politiques à l'Université de

Montréal. Ces cours du soir étaient donnés entre autres par Édouard Montpetit.

Pendant son camp d'entraînement obligatoire, mon père avait mis la main sur une entente secrète permettant d'engager quinze recrues militaires pour renforcer leurs forces policières. Lui qui ne voulait pas aller à la guerre a rassemblé quatorze de ses collègues bien baraqués. Ils se sont rendus au bureau du maire, Adhémar Raynault, pour montrer le document qu'il avait photographié. Trois jours plus tard, mon père et les quatorze gaillards étaient engagés dans la police.

Mon père a toujours détesté travailler pour la police. Il a fait partie de la cavalerie, parce qu'il savait monter à cheval. Le kick des polices à cheval était de dénicher les amants dans les bosquets, principalement les homosexuels, qu'ils accusaient de sodomie, ce qui était un crime à l'époque. C'est de là que vient mon personnage de policier à cheval qui débusque les amants au lasso dans *Embrasse-moi comme tu m'aimes*. Par contre, il avait aimé être secrétaire de Pacifique Plante, mais lorsque Jean Drapeau est arrivé dans l'équipe, il a demandé à être transféré. Pacifique Plante a essayé de le convaincre de rester, parce qu'il voulait en faire un futur chef de police, mais mon père a refusé. Il l'a alors promu détective dans l'escouade des pickpockets. Pour mon père, les tire-laine étaient de véritables artistes et des êtres non violents. Malgré tout, certains de ses confrères faisaient des arrestations préventives et, pour se défouler, ils fessaient les tire-laine à travers des bottins téléphoniques : ça fait mal, et ça ne laisse pas de traces. Dans une scène d'*Une histoire inventée,* Richard frappe Toni, le metteur en scène, avec un bottin téléphonique. Les pauvres se trahissaient entre eux en dénonçant les nouveaux pickpockets récemment arrivés d'Europe de l'Est. Papa, qui était à peu près le seul à savoir écrire, prenait les dépositions au clavigraphe. Mon père est mort en 1979, après qu'on s'était réconciliés. Il m'avait dit que je ne ferais jamais rien de bon avec mes hostie de bobines.

RAPACE

Après sept années d'école primaire, je me retrouve pensionnaire au Séminaire de Saint-Jean. Le cours classique, c'était sérieux. Huit années d'études à apprendre le latin, le grec et à aller à la messe obligatoire tous les matins à 6 h 30. La nourriture était infecte. Le seul repas convenable était celui du dimanche midi, parce que les parents venaient visiter leur enfant l'après-midi.

En Syntaxe, je ne voulais plus retourner à Saint-Jean. J'en avais assez de leurs bondieuseries. Je me suis donc retrouvé à l'Externat classique de Longueuil, berceau du FLQ [Front de libération du Québec]. Le collège était situé dans Ville Jacques-Cartier, qui avait mauvaise réputation auprès des bourgeois du Vieux-Longueuil, de Saint-Lambert et de Boucherville. J'ai un assez bon souvenir des franciscains, qui avaient créé dans un quartier ouvrier ce collège classique où l'enseignement coûtait moins cher qu'ailleurs. Les franciscains avaient une crotte contre les jésuites qui, eux, éduquaient la bourgeoisie au collège Sainte-Marie et à Brébeuf.

Mes problèmes ont commencé en Méthode. Henri Beauregard, qui était notre professeur de français et de latin, m'enlevait de façon systématique quinze points à cause de ma calligraphie. Et comme il avait l'habitude de commencer ses cours en disant : « Rapacez bien votre leçon » tout en se tournant les pouces, je lui avais donné le surnom de Rapace, et tout le monde l'appelait comme ça. Yves Langlois – qui allait s'illustrer plus tard dans l'affaire Cross – était le seul autre élève à subir la ponction de Rapace. Une fois les quinze points enlevés, je passais de 80 à 65 % en français et en latin. Pour Yves, c'était plus dramatique, car il risquait de couler. Je me souviens qu'une bombe avait sauté cette année-là à La Grenade Shoes et que le jeune Corbo avait péri dans l'attaque. J'avais beaucoup d'admiration pour lui, mais Yves à l'époque ne croyait pas à la violence. Moi si.

Un jour, Yves et moi, on a tassé Rapace dans les cases en lui disant que nos textes étaient lisibles, qu'ils n'étaient pas malpropres et que ce n'était pas pédagogique de s'en prendre à notre calligraphie. Après cette bousculade, on s'est retrouvés à tour de rôle chez le directeur, le très saint père Jérôme Poirier. Comme punition, j'ai été suspendu du collège pour une semaine – ce qui ne me faisait pas un pli sur la poche –, mais Yves, lui, a écopé de deux semaines de suspension. Le plus grave, c'est qu'il devait se trouver un autre collège pour l'année suivante, tandis que moi, je perdais le choix de mes options en Versification. Le droit criminel m'intéressait, alors je voulais aller en grec plutôt qu'en sciences. Je ne voulais rien savoir des arts plastiques, mais on me les a imposés. Je me rappelle m'être débattu en vain face au directeur pour qu'il me soustraie de l'option Arts plastiques-Cinéma (deux cours d'art, deux cours de cinéma). J'avais vaguement regardé l'émission *Images en tête* et je trouvais que les images des cinéastes amateurs (les huitistes) étaient floues… Je préférais James Bond et *Le gendarme de Saint-Tropez*.

Robert Gauthier avait élaboré un cours de cinéma accrédité par la Faculté des arts de l'Université de Montréal et une dizaine de collèges classiques ont donné cette année-là un cours de cinéma qui donnait des points. J'avais dormi pendant le premier de ses cours et il m'avait réveillé avec un coup de baguette sur les doigts. M. Gauthier avait quelques films à nous montrer dont : *Terre sans pain* de Buñuel, tourné pendant la révolution espagnole. Il nous avait demandé d'en faire la critique. J'étais fasciné par ce film et très inspiré… Je suis tombé sur le cul quand j'ai reçu ma note : 100 %.

ZÉRO DE CONDUITE

Le recteur est venu me féliciter à sa manière. Depuis Pierre Vallières, de neuf ans mon aîné, j'étais le premier élève à obtenir le maximum de points pour un travail de création. Il a cependant pris soin de préciser que Vallières était un véritable génie, « lui ». Vallières allait publier *Nègres blancs d'Amérique* quelques semaines plus tard.

Peu à peu, je commençais à apprécier les films qu'on nous présentait et à aimer le cinéma, mais pas comme un gars qui veut en faire. J'étais devenu chum avec les gars du cours de cinéma, et on suivait ensemble la Nouvelle Vague française… On allait parfois à la Cinémathèque, qui était à l'Université McGill à l'époque. Le premier film que j'y ai vu était un film expressionniste allemand de la série des *Homunculus*. Je me suis ensuite tapé la rétrospective de Laurel et Hardy. Je me bidonnais ! Mais surtout, j'ai vu *L'Atalante* et *Zéro de conduite* de Jean Vigo au cinéclub du collège. *Les quatre cents coups* et *Les raquetteurs* m'avaient aussi vraiment touché. J'aimais Rossellini : *Allemagne année zéro*, *Les onze fioretti de François d'Assise*. À la télévision, j'avais regardé *Pickpocket* de Bresson avec mon père, qui m'avait dit : « Ça, c'est un vrai film policier ! Le gars qui l'a fait sait de quoi il parle, ça se passe exactement comme ça. »

Je n'avais pas renoncé à faire mon cours de droit. En Belles-lettres, je foxais pour suivre les procès des grands criminalistes, Raymond Daoust, Claude Girouard, Pierre Morneau, Frank Shoofey… et j'entraînais avec moi la gang du cours de cinéma, qui tripait à voir Daoust contre-interroger un témoin. Maître Daoust donnait dans la cruauté mentale avec un tel raffinement !

Je garde un bon souvenir du père Olivier (Richard Drolet), notre jeune professeur de religion. C'était un homme ouvert qu'on aimait beaucoup. Il n'était pas surpris d'apprendre qu'on ne voulait pas suivre le cours de religion en Rhétorique, alors un jour, il nous a fait venir dans son bureau. Il y avait une caisse de bière sur la table, 100 $ en coupures de 10 $, la vieille caméra du collège qui avait servi pour les cours de cinéma et il nous a proposé de faire un film sur un grand thème humain. Cet exercice devenait notre cours de religion pour toute l'année. On était six (Jacques Chenail, les frères Labonté, Pierre David, Pierre Caron et moi) et on a tourné un film sur la mort : *La mort vue par...* La copie a été perdue par la suite, mais dans *La comtesse de Baton Rouge*, la scène où un petit garçon court en grignotant une miche de pain est inspirée de ce premier film là. On entend en voix hors champ : « Petit spectateur moyen, écoute le drame quotidien qui se joue chaque jour », puis on voit deux gars déterrer un mort pour lui voler ses bagues. *La mort vue par...* a reçu le premier prix de l'émission *Images en tête* et Gilles Carle était membre du jury.

GILLES CARLE

On se retrouve donc, les six réalisateurs, à Radio-Canada pour aller chercher notre prix. C'est là que je rencontre Gilles Carle en personne. Il trouvait dommage que le film n'ait pas été tourné en 16 mm car, nous dit-il, il aurait pu le présenter avec *Le viol d'une jeune fille douce.* Il n'avait pas d'argent pour nous, mais comme il était un des actionnaires d'Onyx Films, il nous propose de nous prêter de l'équipement et nous encourage à continuer. Il y avait pour nous une vieille caméra 16 mm Auricon en bon état dont personne ne se servait. Je le prends au mot et j'écris en une nuit le scénario de *Chroniques labradoriennes*. Le lendemain, je me suis arrangé pour ramasser les accessoires dont on aurait besoin et avec François Gill, qui était parfois assistant-cameraman chez Onyx, on a tourné les intérieurs dans le sous-sol de l'école de sa grand-mère, le Cordeau Business College, rue Sainte-Hélène à Longueuil. *Chroniques labradoriennes* est l'histoire de quelques jeunes révolutionnaires qui veulent s'emparer du Labrador après l'indépendance du Québec obtenue en 1973. Le film a représenté le Canada au Pavillon de la jeunesse à l'Expo 67. Je travaillais cet été-là dans une crêperie sur le site de l'Expo. J'y ai appris à faire des espressos et, à cause des crêpes, à aimer le Grand Marnier...

UN TOUR DE MACHINE

La copie de *Chroniques labradoriennes* avait disparu, mais j'entendais dire que Jacques Leduc et Jacques Gagné avaient vu le film, ainsi qu'André Pépin d'Art Films, un gentleman qui voulait distribuer *Le retour de l'Immaculée Conception*. J'ai dû lui bummer quelque cinquante piastres comme avance de distribution ! Ma mère, qui me cherchait un *bon* métier, m'avait inscrit à l'École normale Jacques-Cartier, où j'ai passé un bac en pédagogie sans suivre un seul cours. Dans notre gang, il y avait Marie Eykel (Passe-Partout) et Suzanne Lebeau, qui est devenue écrivaine. On tenait des assemblées au café Rodéo au coin Saint-Laurent et De La Gauchetière. Avec Alain Contant, on avait fondé le groupe « Pus voir d'étudiants », pour rire du mouvement « Pouvoir Étudiant ». On portait un macaron avec un poing fermé, presque identique au leur.

Je venais de m'embarquer dans la réalisation du *Retour de l'Immaculée Conception*, d'après un scénario écrit en écoutant CJMS. Le tournage a commencé le 26 décembre 1967. Je me rappelle de la date parce que mon père savait que je tournais le lendemain de Noël et ça le fatiguait. Il disait qu'il n'y avait pas d'avenir dans le cinéma. J'ai tourné ce film sans argent, en faisant de la suppléance dans les écoles. On empruntait parfois une caméra chez Onyx, et d'autres fois aux Cinéastes associés. On a même eu les restes de pellicule d'*À tout prendre*. Jutra avait tourné avec des chutes de pellicule et moi, je tournais avec les chutes de ses chutes. Quand j'avais un peu d'argent, j'achetais un quatre cents pieds de pellicule.

Comme on tournait toutes les trois semaines, je devais raboudiner le scénario au fur et à mesure et l'histoire se tenait de moins en moins. Il y a des scènes que je ne pouvais plus tourner parce qu'un acteur n'avait pas voulu se lever (cré Chenail !). À un moment donné, Jacques Labonté voulait se couper la barbe, alors je lui ai proposé qu'on la lui coupe devant la caméra. Ce qui m'intéressait, c'était de faire un film avec des gens qu'on ne voyait pas habituellement dans les films. Déjà la langue était en train de changer et je voulais que mes personnages parlent avec des expressions menacées de disparition : «Aimeriez-vous faire un tour de machine avec moi ? », «Pour moi, y'est hot, ce char-là ! », «Ben non, j'ai toute scratché le numéro de série avec ma lime à ongles». Mes dialogues amusaient Gilles Carle, qui voulait que je montre *Le retour de l'Immaculée Conception* à Gaston Miron, convaincu qu'il aimerait le film, mais j'étais trop gêné pour l'appeler et lui organiser une projection.

Je ne sais pas comment j'ai pu survivre jusqu'en 1969. J'ai trouvé de l'argent pour faire tirer une copie de projection du film et le sortir en 1971. Avant ça, il avait seulement été projeté à l'ONF par Gilles Gascon devant quelques cinéastes, qui n'en revenaient pas que j'aie fabriqué ça sur quatre ans. *Le retour de l'Immaculée Conception* est devenu un *film-maker's film*. Comme pour *Chroniques labradoriennes,* j'avais appris par ouï-dire que la copie circulait un peu partout dans le milieu.

MARCOTTE

J'ai rencontré Jacques Marcotte au collège. Je terminais mon cours classique et lui était de la première génération des cégeps, mais on faisait partie de la même gang. J'ai commencé à écrire avec lui parce que, sur *Le retour de l'Immaculée Conception*, il avait le don d'améliorer les répliques et de bien les puncher. Alors, je lui ai proposé qu'on écrive *Bar Salon* ensemble. C'est dans un *crash pad* de la rue Laval qu'on a écrit le scénario du film. Je vivais une peine d'amour et mon ex-blonde se tenait dans un bar qui allait être démoli. Je crois qu'il s'appelait Le Continental, rue Sainte-Catherine. Et moi, dans ma solitude, j'avais imaginé l'histoire d'un gars qui retarde la fermeture de son bar pour pouvoir y marier sa fille et éviter de payer le prix de location d'une salle. J'avais ma propre compagnie enregistrée, mais j'ai demandé à Jean Dansereau s'il était intéressé à coproduire *Bar Salon*. Il était d'accord avant même de lire le scénario. Un nouveau programme pour les jeunes cinéastes venait d'ouvrir à la SDICC [Société de développement de l'industrie cinématographique canadienne], qui deviendra plus tard Téléfilm Canada. On a obtenu 58 000 $, alors on a pu tourner en Super 16, avec un mélange d'acteurs non professionnels et professionnels qui, eux, ont investi une partie de leur cachet dans le film.

Bar Salon aurait dû être présenté à la Semaine de la critique à Cannes. Louis Marcorelles du journal *Le Monde* s'était battu pour que le film y soit, et j'avais aussi l'appui d'Albert Cervoni de *L'Humanité*, mais *Bar Salon* a été disqualifié lorsqu'un fonctionnaire de la SDICC a informé le festival que ce ne n'était pas mon premier long métrage. Pourtant, *Le retour de l'Immaculée Conception* avait été tourné comme un film plutôt amateur. *Bar Salon* a quand même circulé dans les festivals à travers le monde et a reçu de belles critiques, ce qui m'a permis de me faire un nom comme cinéaste.

Sur *Bar Salon* et *L'eau chaude l'eau frette*, la collaboration entre Jacques Marcotte et moi a été simple parce que j'avais une idée claire de l'histoire. On a entrepris *Au clair de la lune*, mais ça n'allait nulle part. Nous avons alors pris un break.

«FORCIER, C'EST TOI?»

Un jour que je longeais un couloir de l'ONF, une grande main m'accroche. «Forcier, c'est toi?» Jacques Bobet a entendu parler de *Bar Salon* et me demande un scénario de moyen métrage pour la semaine suivante. Il me dit que je peux écrire ce que je veux, pourvu que ça fasse entre 30 et 40 minutes. Écrire un scénario en une semaine! Je ne l'ai pas pris au sérieux. Trois mois plus tard, il m'accroche à nouveau : «Puis, mon scénario?» – «Vous êtes sérieux?» – «Très sérieux. Es-tu capable de m'apporter ça lundi matin?» Finalement, j'ai écrit *Night Cap* en une fin de semaine sur la vieille machine à écrire Underwood que mon père m'avait donnée. On a tourné le film à différents endroits sur la Rive-Sud : sur la rue Saint-Charles à Longueuil, sur le boulevard Taschereau, dans une maison de papier brique à Ville LeMoyne et certains extérieurs devant la maison de Butch Bouchard. On avait choisi la maison funéraire FX Léger, qui était très bien, mais minuscule par rapport aux gros salons funéraires. La première journée de tournage s'est passée à l'intérieur de la taverne Terrapin, qui avait été un ancien relais de diligences. C'était éclairé au néon et tout le monde était vert. Quand je suis arrivé sur le plateau à 7 heures du matin, Jos Champagne, le preneur de son, m'a accueilli avec un grand verre de bière pour me souhaiter la bienvenue et me dire que l'équipe était derrière moi. C'est vrai qu'on n'a pas manqué de bière à la taverne Terrapin! On nous avait négocié un *open bar*.

L'ÉCUYER

Françoise Berd avait lu *Bar Salon*, parce qu'elle connaissait Jean Dansereau, et elle m'a demandé de jouer le rôle de Leslie. Je lui ai fait passer une audition, et elle a été plus que convaincante. Françoise était une femme généreuse. Elle m'a parlé de Guy L'Écuyer, qui était pour elle le plus grand acteur au Québec. Je ne le savais pas encore, mais je l'ai appris rapidement! Elle m'a donné son numéro de téléphone et je l'ai appelé pour lui parler d'un premier rôle dans mon film. Il me répond : « Écoute, mon p'tit gars, on va se parler sérieusement. Je mange à l'hôtel Nelson. Je t'invite, mais il faut que tu sois là demain à 11 h 30. On va prendre quelques bières et tu vas pouvoir me parler de ton film. » J'arrive au rendez-vous en lui donnant du monsieur L'Écuyer... et lui : « Tu vas me lâcher ça, les messieurs L'Écuyer... Je m'appelle Guy et Ti-Guy pour les intimes. » Je lui raconte mon histoire et lui laisse le scénario. Il me rappelle le lendemain pour me proposer qu'on continue d'en parler Chez Pauzé. Il aimait beaucoup le scénario, mais il me dit : « Y a juste une chose que je ne comprends pas. J'ai une fille de 17 ans et jamais je la rentrerais dans un bar avec un gun pour qu'elle aille travailler. » Je lui dis que c'est un geste nerveux et que j'étais sûr qu'il allait comprendre sur le plateau...

Le premier jour de tournage, j'avais demandé à mon assistant de mettre à l'horaire la scène que Guy hésitait à faire. Pour moi, ça allait passer ou casser. L'Écuyer sortait d'une répétition au théâtre et on lui avait donné rendez-vous au bar-salon coin Maguire et

Saint-Laurent. On avait placé la caméra et répété la mécanique de l'action avec la comédienne. Il arrive sans savoir ce qu'il allait tourner. Je lui dis : « Vous êtes obligé d'aller travailler en banlieue pour sauver votre bar-salon le temps de marier votre fille, mais elle ne veut pas travailler. Elle veut sacrer son camp et vous la rentrez de force dans le bar avec le gun que vous avez pris à un de vos clients. C'est le genre de gestes que vous ne feriez jamais. Mais ça nous arrive tous de faire des choses "qu'on ne ferait jamais". » Il me répond : « Donne-moi le gun ! » Il court après sa fille, l'attrape et la rentre dans le bar. La prise est bonne, mais il me demande : « T'en veux pas une de sécurité ? » – « Non, vous étiez excellent. » – « C'est bien ce que je pensais. Toi, mon p'tit crisse ! Tu l'as, ta scène ! » C'est comme ça que ç'a commencé.

SHYLOCK ET 12 CHOPPÉE

L'idée de *L'eau chaude l'eau frette* m'est venue lorsque je tournais *Bar Salon*. Je vivais dans le quartier Sainte-Cunégonde à Saint-Henri. Un jour, je croise un gars qui venait de se faire casser la gueule d'aplomb. Il me dit que c'est son *shylock* qui lui a fait ça, qu'il ne l'avait pas remboursé à temps et qu'il méritait sa raclée. La semaine d'après, les deux buvaient une bière ensemble au bar Dominion, au coin de Dominion et Notre-Dame. Le club n'existe plus aujourd'hui, il a dû être remplacé par des lofts… Je me suis dit qu'on devrait faire un film sur des exploités qui célèbrent leur exploiteur. Une métaphore du Québec. C'est à partir de ce point de départ là que Jacques Marcotte et moi avons travaillé sur *L'eau chaude l'eau frette*.

Le principal lieu de tournage extérieur était au coin de Saint-Denis et Rachel. À côté, il y avait une maison de transition pour les gars qui sortaient de prison et avaient des troubles mentaux. L'un d'eux, qui trouvait qu'on faisait trop de bruit, un jour est sorti dehors avec une 12 choppée. Il voulait nous tuer. J'ai fait intervenir des chums cascadeurs de la Rive-Sud : les frères Fournier… On avait installé du monde sur le toit avec des madriers et on s'est dit que s'il revenait, on les laisserait tomber. Heureusement, on ne l'a plus revu avec son gun ! Sur le tournage de ce film-là, la conjoncture était bonne, on n'avait pas besoin de truquer quoi que ce soit. Il n'y avait pas de barrières entre ce qui était là, autour de nous, et ce qu'on tournait. Et l'énergie était incroyable.

Un jour, la comédienne qui devait me donner la réplique s'est désistée au dernier moment. Lise Abastado, mon assistante, me demande alors par qui je voulais la remplacer. J'ai proposé qu'on appelle Carole Laure. Carole est arrivée sur le plateau et elle nous a joué la scène parfaitement !

ALBINIE

Au début de l'écriture d'*Au clair de la lune*, on était assis, Jacques Marcotte et moi, sur un banc dans le parc près de l'église St Mark's à Longueuil. Je vois passer un petit *truck* plein de pneus, et je dis à Jacques qu'un *tire shop*, c'est beau. Et là, on s'est mis à fabuler autour de l'idée d'une petite fille qui pète des *tires* pour faire rouler le commerce de son père. Ce qui manquait encore au scénario, c'est que Frank vient de l'Albinie, l'élément qui permet de souder ensemble toutes les pièces de l'histoire. L'Albinie, ce peut être la mort… mais aussi l'immortalité. J'avais inventé le personnage de l'homme-sandwich qui annonce un bowling ouvert 24 heures sur 24. Cette idée-là me trottait dans la tête depuis longtemps, parce que quand j'étais jeune, il y avait le bowling Champion pas loin de chez moi, à Greenfield Park. Et j'avais demandé à Jacques c'était quoi pour lui un personnage de nuit, et tout de suite il a pensé à un albinos, parce que les albinos sont allergiques à la lumière. Il a rajouté : « Lis Caldwell, tu vas voir… ! »

Mais au-delà de ces quelques idées de départ, l'histoire ne débloquait pas. J'ai laissé reposer tout ça quelque temps, puis j'ai finalement travaillé avec Michel Pratt, avec qui j'ai écrit une première version du scénario. Comme Michel avait plus de distance, j'ai pu arriver à la structure du film telle qu'elle est aujourd'hui. Quoique pas tout à fait… Le film a été tourné à 35° sous zéro et non seulement Michel Côté s'est tapé une grippe de deux semaines, mais en plus Guy L'Écuyer a fait une crise cardiaque, et c'est là que les choses se sont morpionnées. Les assureurs n'ont jamais voulu payer les dépassements causés par l'arrêt du tournage parce qu'ils prétendaient que la crise cardiaque de Guy était due à son alcoolisme. Il ne restait donc plus d'argent pour terminer le film. Au moment où Guy a fait sa crise cardiaque, certaines scènes n'avaient pas encore été tournées. Alors Bernard Lalonde, un des producteurs, et moi avons eu l'idée d'ébranler la structure du film, de créer un flash-back et d'écrire une voix hors champ. François Gill, le monteur, doutait que ça fonctionne, mais lorsque je suis arrivé avec un plan final de montage et le texte écrit avec Bernard, que l'Albinos dirait en voix hors champ, on a réussi à faire un film qui se tenait, et *Au clair de la lune* a été très bien accueilli.

LES FLEURS DE MONSIEUR PAYETTE

Ma mère, Marguerite Boileau, orpheline d'Yvonne Sauvageau, morte de la grippe espagnole, a été élevée dans le Faubourg à m'lasse. Le frère aîné de Blanche Payette, son amie d'enfance, était Albert Payette. Quand j'étais jeune, monsieur Payette venait souvent nous visiter. Il arrivait à cinq heures moins quart avec des fleurs séchées, ce qui fait qu'on l'invitait à souper. Il était vraiment sympathique, et inspirant. Plus tard, je l'ai retrouvé à Montréal alors que j'habitais sur la rue Laval. Monsieur Payette, lui, vivait dans une chambre sur l'avenue des Pins, près du carré Saint-Louis. La chambre était jonchée de vieux journaux. Jacques Marcotte et moi, on allait parfois le voir pour prendre un café instantané. Cet agronome de formation, à la retraite depuis l'âge de 42 ans, avait écrit *Variations subtiles chez les rudbeckies*. Dans *Kalamazoo*, ces fleurs sont devenues les «rudbeckies Cotnoir».

Dans *L'eau chaude l'eau frette*, monsieur Payette incarne Amédée Croteau de l'Académie canadienne-française, l'amant du cuisinier. C'était un talent naturel, il était totalement pissant. Il jouait aussi un des clients dans *Bar Salon*. C'est lui qui demande à Françoise Berd avec un faux bon parler : « Dans les circonstances de fermeture, est-ce que vous me feriez l'honneur de danser sur ce morceau ? » Guy L'Écuyer devait souvent le pousser du bout du pied pour qu'il sorte du champ de la caméra. C'était tout un numéro ! C'est de lui que Félix Cotnoir de *Kalamazoo* est inspiré. Jacques et moi, on a *brainstormé* autour d'un homme à fleurs, et comme monsieur Payette était toujours penché vers son passé, on a fait de notre Cotnoir un homme à fleurs qui rajeunit d'amour.

CHECKER CAB

Une fois, j'avais passé la nuit en taule à cause d'une connerie et j'ai rencontré là un gars qui s'appelait Globensky. Il venait de la Gaspésie. J'ai eu envie de donner un jour ce nom-là à un personnage, sauf que, pour moi, Globensky devait être Italien. Dans *Kalamazoo*, Tony Nardi interprète Globenski avec un *i*. On l'entend dire : « Mon père est Polonais, mais je suis *une* Italienne comme ma mère. » On avait aussi eu l'idée d'un gars qui avait un Checker Cab tournant juste à gauche, mais finalement, on a seulement gardé la collision avec la boîte téléphonique, qui provoque la rencontre entre les deux personnages : Cotnoir (Rémy

Girard) et Globenski. Cotnoir devient une véritable teigne pour Globenski. Il va le voir dans sa petite maison à Côte-Sainte-Catherine au bord du fleuve, et le poursuit même jusqu'aux îles Saint-Pierre-et-Miquelon, avant de terminer son périple en pleine tempête sur la mer.

MAFIA ET BIÈRE SANS ALCOOL

Après l'échec en salles de *Kalamazoo*, Marcotte me dit qu'il faudrait se refaire un nom… et penser à quelque chose d'un peu plus commercial. C'est dans cet esprit-là qu'on a écrit *Une histoire inventée*. Pas uniquement dans cet esprit-là, mais quand même… Le père d'un de nos chums était trompettiste et il avait été obligé d'arrêter de jouer parce qu'il souffrait d'une maladie des gencives qui lui faisait perdre ses dents. On a alors imaginé un club de jazz avec une scène où le musicien (Jean Lapointe) perd ses dents à cause d'un homme jaloux (Donald Pilon) qui aime Florence, interprétée par la magnifique Louise Marleau, pourchassée par ses 40 anciens amants. Ils la poursuivent jusque dans le théâtre que dirigent Toni (Tony Nardi) et son oncle (Louis de Santis), chef de la mafia, qui remplit sa salle en créant un succès artificiel avec des figurants captifs. Séance obligatoire à tous les soirs, avec un autobus qui amène les vieux. On a rempli le théâtre Corona de figurants italiens. Comme il y a beaucoup d'Italiens à Montréal, il y a aussi des maisons pour personnes âgées italiennes, et c'est là qu'on a pris nos figurants. Ils ont vraiment des bouilles authentiques !

Sur ce tournage-là, comme on ne pouvait pas boire de la vraie bière, Marc Messier, Jean Lapointe, Marc Gélinas et moi buvions de la bière sans alcool. Et on avait l'impression de se soûler avec ça !

FRANCE CASTEL

Lorsque je préparais *Une histoire inventée*, France Castel était barrée partout, et moi, ça me prenait une comédienne qui sache chanter pour jouer Alice, une chanteuse dans un trio sur le déclin. Quand je lui ai offert ce rôle, j'ai reçu des appels pour me prévenir de ne pas travailler avec elle, qu'elle allait me lâcher parce qu'elle avait des problèmes de coke, et autres. Mais moi, je savais qu'elle était faite pour ce rôle. Sur le plateau, je l'appelais Pécheresse… et je l'appelle encore comme ça d'ailleurs. En retour, elle m'appelle l'Aimable. On est devenus amis. Il faut la voir rayonner dans *Le vent du Wyoming* où elle s'envoie en l'air avec son jeune amant, le chum de sa fille, dans la grande roue de la Ronde.

MOTEL OSCAR

En écrivant *Le vent du Wyoming*, j'avais en tête le Motel Oscar, que je trouvais fabuleux. Ce motel a toujours été un endroit mythique de la Rive-Sud. Dans le film, le propriétaire, Assourhampal (Marc Gélinas), s'est converti à l'hindouisme. Le bar du motel est fréquenté par une drôle de faune où se mélangent des gars de Ville Jacques-Cartier et de LeMoyne avec des bourgeois de Saint-Lambert, parce que Saint-Lambert est un *dry town* : il faut manger pour boire.

Jacques et moi, on n'arrivait pas à finaliser la trame du *Vent du Wyoming*, alors, comme sur *Au clair de la lune*, on a mis un terme à notre collaboration. J'ai structuré *Le vent du Wyoming* avec Patrice Arbour. À un moment donné, j'ai retrouvé une certaine liberté et le plaisir d'écrire des dialogues. Mon producteur, Nardo Castillo, m'a apporté un soutien important pour la continuation.

J'ai revu Jacques plusieurs années plus tard lors de la rétrospective de mes films à la Cinémathèque québécoise. Je lui ai fait lire *Embrasse-moi comme tu m'aimes* et il m'a donné de précieux conseils. La dernière fois que je l'ai vu avant sa mort, nous flirtions avec l'idée de retravailler ensemble. Dommage.

MARK KRASNOFF

J'ai rencontré Mark Krasnoff en Louisiane. Je cherchais un comédien cajun pour incarner Dudley Fuselier, l'homme-canon de *La comtesse de Baton Rouge*. Dès que je l'ai vu, j'ai aimé sa présence, je trouvais qu'il dégageait quelque chose de fort. Mark est né d'une mère cajun et d'un père juif, avocat de la pègre à La Nouvelle-Orléans, rayé du barreau, mais qui, à la fin de sa vie, s'était refait une virginité en animant un talk-show très prisé où il défendait le peuple et dénonçait les injustices faites aux pauvres. Mark a été élevé par sa mère à Ville Platte en Louisiane. Il faisait du théâtre à La Nouvelle-Orléans. Après l'ouragan Katrina, il a voulu ressusciter le théâtre là-bas, mais tout le monde était parti. Il m'avait envoyé un courriel où il m'écrivait : «Forcier, mon frère, j'essaie de faire du théâtre à La Nouvelle-Orléans et ça ne marche pas. Tous les acteurs sont partis à New York. Help ! » J'ai pensé descendre le voir… mais il s'est suicidé quatre jours plus tard. Je vais toujours avoir l'impression que si j'étais allé là-bas, je lui aurais sauvé la vie. Je lui aurais dit : «On va faire un film ensemble», parce qu'il voulait travailler. Je l'aurais embarqué dans quelque chose, n'importe quoi. J'aurais inventé une histoire. Parce que c'était un acteur prodigieux.

PARC BELMONT

Parmi mes souvenirs d'enfance, le parc Belmont et sa tente des créatures occupent une place importante. *La comtesse de Baton Rouge* s'en inspire. J'ai aussi puisé dans mes souvenirs de l'époque où je bummais de la pellicule et squattais des salles de montage pour dormir. Dans tous mes films, il y a une part inspirée par ma jeunesse. Pour *La comtesse de Baton Rouge,* ma première idée, c'était l'histoire d'un monteur qui perd la vue et d'un p'tit cul qui l'aide à finir un film. J'ai changé de direction lorsqu'une amie m'a appris que Godard venait de tourner quelque chose avec cette trame. J'ai su plus tard que ce n'était pas exact. Mais j'ai alors imaginé le personnage du Grand Zénon, un cyclope qui peut faire des films sans pellicule ni caméra. Rex Prince est en amour avec Paula Paul de Nerval, une jolie femme à barbe. Il part la rejoindre au Cirque du bonheur quelque part en Louisiane pour la reconquérir, il échange sa belle Edsel contre le canon de Dudley Fuselier et devient homme-canon. J'aime bien aussi le personnage de Roy Tranquille, qui n'a pas de tripes parce qu'il souffre de la maladie de Crohn. Je trouve ça beau comme métaphore, un acteur qui n'a plus de tripes… si on considère qu'un acteur joue avec ses tripes !

GOLFER DANS LE DÉSERT

J'aimais l'idée d'un golfeur qui golfe dans le désert, alors c'est autour de Jack Dekker (Roy Dupuis) que j'ai campé l'histoire des *États-Unis d'Albert*. Ce golfeur du désert croise dans sa traversée Albert (Éric Bruneau), un jeune comédien canadien parti à la conquête d'Hollywood pour devenir le nouveau Valentino. Puisque la langue naturelle du récit était l'anglais, j'ai présenté le scénario dans cette langue. On avait eu d'excellents rapports de lecture de Téléfilm, mais Joëlle Levie – qui était alors directrice générale du cinéma et de la production télévisuelle à la SODEC (Société de développement des entreprises culturelles) – ne croyait pas à Forcier en anglais ni non plus à France Castel. Même si j'avais été classé premier par le jury, le projet a été bloqué par la belle Joëlle. Partant de là, je me suis dit que je n'avais pas d'autre choix que de le tourner en français. J'ai traîné ce scénario pendant plusieurs années avant de réussir à monter la production, avec des coproducteurs français et suisse. Et ces coproducteurs voulaient que les acteurs parlent en français international. Ç'a été une erreur. En plus, ils ont amputé le film de neuf minutes, ce qui a complètement désarticulé la fin. Ils ont coupé la relation du docteur avec la prostituée mexicaine qui figure dans une collection de *flip books*. À force de réécrire ce film en français, on l'a stérilisé et *Les États-Unis d'Albert* demeure la pire expérience que j'aie connue.

LES LUNETTES D'ELVIS

J'ai commencé *Acapulco Gold*, tourné avec mon propre argent et celui de mon associé, Michel Maillot, au moment où je venais de recevoir une réponse négative de Téléfilm Canada, qui butait sur la version française des *États-Unis d'Albert.* Il fallait que je tourne quelque chose à tout prix. Michel Maillot m'avait raconté son histoire avec Elvis Presley, qu'il prétendait avoir rencontré en 1991, 14 ans après sa mort officielle. J'ai inventé un personnage de producteur de films qui se fait arnaquer par un hurluberlu qui lui raconte sa rencontre avec Elvis Presley et l'Esprit saint. Un film à deux acteurs : Krasnoff, le producteur qui se fait flouer, et Maillot dans son propre rôle. On aura toujours un doute si c'est bel et bien Elvis ou non qu'il a rencontré. Il y a quand même les révélations du dessinateur de la cour, qui a rajeuni la photo du vieil homme rencontré à Acapulco, à l'hôtel Mara Lisa, et celles du graphologue qui montre bien qu'il y a des similitudes troublantes entre l'écriture d'Elvis et celle de l'homme qui se prenait pour le colonel Éternel.

Et puis il y a Proutt dans ce film, qui est quand même tout un personnage ! Son père se vante d'avoir rencontré Elvis, malgré qu'il croie que sa femme a eu une aventure avec lui. Il amène Proutt chez un médecin, médusé de se retrouver devant un jeune patient sans ADN. C'est le retour de l'Immaculée Conception !

C'est un beau petit film, mais on a reçu une menace d'injonction d'Elvis Presley Entreprise avant même d'obtenir les autorisations nécessaires à l'exploitation du film. Pendant nos recherches sur les ayants droit des photos du King, ses représentants ont intercepté des courriels entre Krasnoff, une avocate et nous. Ils nous ont signalé qu'Elvis Presley était une marque de commerce, en plus de nous rappeler qu'Elvis était bel et bien mort et qu'on était mieux de ne pas jouer là-dedans.

ABITIBI

Lorsque j'ai mentionné à un ami qui enseignait la philosophie à l'université de Moncton que j'étais invité au festival de Rouyn-Noranda, il m'a dit qu'il fallait absolument que j'en profite pour aller voir son village natal : Virginia Town en Ontario, à la frontière de l'Abitibi. C'était effectivement un village vraiment particulier, et un cadre formidable pour un film. J'ai donc commencé à imaginer l'histoire de *Je me souviens*, qui se passe là-bas dans les années 50. Je me suis dit que ça me prenait un mineur, mais la mine du village était en partie désaffectée. Et en plus, c'était difficile de tourner en Ontario. C'est lorsque j'ai découvert le village historique de Bourlamaque à Val-d'Or, avec ses petites maisons noires, que j'ai été convaincu que le film devrait se passer en hiver, que ce village-là devait être très beau sous la neige. En noir et blanc d'abord, parce que ça correspondait pour moi esthétiquement à ce que je souhaitais, mais aussi pour camoufler les artefacts modernes qui nous auraient sauté au visage. Je devenais à nouveau producteur et je tournais un film indépendant.

MÉTÉORES

Dans *Je me souviens,* j'ai voulu parler des syndicats communistes, qui ont véritablement existé au Québec, mais qui ont été complètement occultés de notre histoire. Monseigneur Madore, le conseiller spirituel de Duplessis, est un personnage inventé. J'ai pris cette liberté-là. Dans mes films, il y a beaucoup de personnages qui sont des espèces de petits météores. Dans *Je me souviens*, j'aime celui de Némésis, une petite fille qui, sans être autiste, refuse de parler, ce qui est une vue de l'esprit assez extrême qui me plaisait. Elle refuse d'entrer en contact avec sa mère qu'elle déteste, une alcoolique qui couche avec le propriétaire du restaurant pour de l'argent. Némésis réussit finalement à s'ouvrir au monde grâce à une langue en danger, le gaélique. Elle refuse de parler le français, qui est lui-même une langue menacée en Amérique, pour parler une langue encore plus menacée. Mais Némésis, c'est aussi la déesse de la vengeance, et sa mère a conçu cette enfant-là par pure vengeance. Némésis n'a aucune réaction devant la mort de sa mère qui se noie sous ses yeux. Si les enfants dans mes films sont souvent cruels, c'est parce qu'ils sont confrontés à un univers cruel. La cruauté des adultes se manifeste d'une manière plus organisée, moins spontanée. Les jeunes, eux, sont plus inventifs.

CAPITALISME *BASIC*

Il y a quelques années, j'ai commencé à voir disparaître les belles petites maisons d'ouvriers dans le quartier Coteau-Rouge où je vis depuis ma débarque. Elles sont peu à peu remplacées par des pigeonniers, ces condos en triplex qui se multiplient partout dans les rues aux alentours. J'ai donc eu l'idée d'un entrepreneur qui cherche à détruire tout ce qu'il y a de patrimoine ouvrier dans le quartier parce qu'il veut faire de l'argent. Je voulais aussi qu'il y ait une famille ouvrière propriétaire d'un petit commerce et un aïeul vidangeur de cadavres. Partant de ces flashs-là, j'ai construit l'histoire. De ces pauvres du quartier dont la maison est détruite, j'ai fait des concierges. Ils ont cédé leur maison, mais on leur permet de vivre jusqu'à leur mort dans les nouveaux condos qu'ils doivent entretenir.

Depuis, la fiction a rejoint la réalité. La coquette maison bleue de nos voisins, là où on a tourné, a été démolie et remplacée par un triplex sans âme. Tout ce qui reste de cette charmante mansarde est dans *Coteau Rouge* !

TAKE ME OUT TO THE BALL GAME

Je gardais depuis longtemps dans ma besace l'histoire de mon père, entré dans la police pour ne pas aller à la guerre. Mais ça ne m'intéressait pas de faire un film sur un gars qui ne veut pas aller à la guerre. On a trop vu ça, c'est cliché. Les Québécois de l'époque étaient peu instruits, mal informés et manipulés par des fascistes comme Camillien Houde. Le personnage de Pierre, lui, veut aller combattre le nazisme en Europe, mais il ne peut pas à cause de sa sœur jumelle Berthe, infirme de naissance, et de sa mère, une petite femme qui n'est plus capable de porter sa fille pour lui donner son bain. C'est Pierre qui doit s'en occuper. Il aime sa sœur tout en la respectant, mais il est obnubilé par ses fantasmes. J'aimais bien l'idée qu'il couche avec elle en rêve.

Embrasse-moi comme tu m'aimes s'inspire de plusieurs éléments de mon enfance, mais cette matière première est enfouie très loin dans le film. Ma mère s'appelait Marguerite et adorait le baseball. Avant de tomber amoureuse de mon père, elle avait fréquenté un Canadien français de Sherbrooke, qui jouait pour les Indians de Cleveland.

Deux jours avant sa mort, j'ai donné des nouvelles de mon film à ma mère et lui ai dit que Marc Hervieux interprétait *Take Me Out to the Ball Game*. Elle s'est alors mise à chanter cette chanson qui lui rappelait ses belles années. C'est le dernier souvenir que je garde de ma mère.

André Forcier à l'âge de deux ans, avec son père.

À trois ans, devant le 8474, rue Henri-Julien, dans le quartier Petite-Patrie, où il a passé ses premières années.

André Forcier et Françoise Berd pendant le tournage de Bar Salon.

André Forcier pendant le tournage de Night Cap.
(Photo : François Gill)

Albert Payette, ami de la famille depuis l'enfance d'André Forcier, dans le rôle d'Amédée Croteau dans L'eau chaude l'eau frette.

À Paris, en 1978, au moment de la sortie en salle de L'eau chaude l'eau frette.

*Tournage d'*Au clair de la lune *dans une ruelle de la rue Rachel à Montréal, par -35 °C.*

André Forcier et le cinéaste belge Boris Lehman, en 1982, rue Rouvières, à Longueuil, en compagnie du chien Ti-Beu. (Photo : Michèle Leduc.)

Avec le distributeur montréalais Louis Dussault en 1983, dans un bar, à Bruxelles, lors d'une rétrospective des premiers films de Forcier.

Dans sa maison de la rue des Gélinottes à Longueuil, en 1986. Post-production de Kalamazoo.

En 1995, dans la cour de sa maison de la rue des Gélinottes. Préparation d'un voyage en Louisiane. (Photo : Linda Pinet.)

Louis Desparois (preneur de son), André Forcier et Roy Dupuis près de la rivière Harricana pendant le tournage de Je me souviens.

FILMOGRAPHIE

Chroniques labradoriennes

Québec, 1967. Couleur et Noir & blanc. 12 minutes.
Int. : Jacques Chenail, André Forcier, Pierre David, Pierre Caron, Jean-Pierre Labonté, André Gagnon, Fernand Roy, Robert Cousineau. **Narration** : Jean-Pierre Labonté.
Réal. et prod. : André Forcier. **Dir. photo.** : François Gill. **Mont.** : Jacques Chenail. **Son** : Michel Caron. **Mix.** : Michel Balaïeff.

Le retour de l'Immaculée Conception

Québec, 1971. Noir & blanc. 88 minutes.
Int. : Jacques Chenail, Jacques Marcotte, Julie Lachapelle, Fernand Roy, Jacques Labonté, Pierre David, André Forcier, Pierre Caron, Monique Simard, Paul-André Cartier, Michèle Dion, Micheline Roberge.
Réal. et prod. : André Forcier. **Dir. photo.** : François Gill. **Mont.** : Jacques Chenail, Paul-André Cartier, André Corriveau. **Son** : Michel Caron. **Mont. son.** : Claude Beaugrand. **Mix.** : Jean-Pierre Joutel. **Mus.** : Jean Sauvageau. **Dir. de prod.** : André Lamarre.

Bar Salon

Québec, 1973. Noir & blanc. 84 minutes.
Int. : Guy L'Écuyer, Jacques Marcotte, Madeleine Chartrand, Françoise Berd, Albert Payette, Louise

Gagnon, Lucille Bélair, Gélinas Fortin, Michèle Dion, Gaby Persechino, André Forcier.
Réal. : André Forcier. **Scé.** : André Forcier et Jacques Marcotte. **Dir. photo. et mont.** : François Gill, assisté de : Claude Racine. **Son** : Hugues Mignault, assisté de : Dominique Chartrand. **Mix.** : Film House LTD. **Mus.** : André Duchênes. **Assistant réal.** : André Bouchard. **Scripte** : Mireille Goulet. **Prod.** : Jean Dansereau pour Les Ateliers du cinéma québécois + André Forcier pour Les Productions André Forcier. **Dir. de prod.** : Nicole Fréchette.

Night Cap
Québec, 1974. Couleur. 36 minutes.
Int. : Jacques Marcotte, Esther Auger, Denise Pelletier, Guy L'Écuyer, Louise Gagnon, Michel Bouchard, Françoise Berd, Roger Garand, Lucie Mitchell, Jacques Thisdale, Jacques Bilodeau, J. Léo Gagnon, Élise Varo, André Gagnon, Albert Payette.
Réal. et scé. : André Forcier. **Dir. photo.** : Pierre Letarte, assisté de Séraphin Bouchard. **Mont.** : André Corriveau. **Son** : Joseph Champagne. **Mix.** : Jean-Pierre Joutel. **Mus.** : Don Douglas. **Assistant réal.** : Claude Léger. **Prod.** : Laurence Paré pour l'ONF.

L'eau chaude l'eau frette
Québec, 1976. Couleur. 92 minutes.
Int. : Jean Lapointe, Sophie Clément, Jean-Pierre Bergeron, Louise Gagnon, Réjean Audet, Guy L'Écuyer, Albert Payette, Françoise Berd, Jacques

Marcotte, Anne-Marie Ducharme, Élise Varo, Marcel Fournier, Carole Laure, André Forcier, Jean Dansereau, Jean-Pierre Piché, J. Léo Gagnon, Charlie Beauchamp, Francine Grimaldi.
Réal. : André Forcier. **Scé.** : André Forcier et Jacques Marcotte. **Dir. photo.** : François Gill. **1er ass. caméra** : Michel Caron. **Mont.** : André Corriveau. **Son** : Hugues Mignault. **Mont. son.** : Marcel Pothier, assisté de Louise Côté. **Mix.** : Pierre de Lanauze. **Mus.** : André Duchesne. **Assistante réal.** : Lise Abastado. **Scripte** : Marianne Feaver. **Direct. art.** : Réal Ouellette. **Costumes** : François Laplante. **Assistante de prod.** : Andrée Lachapelle. **Post-prod.** : Louise Ranger. **Prod.** : Bernard Lalonde pour l'ACPAV et Les Productions André Forcier.

Au clair de la lune
Québec, 1982. Couleur. 92 minutes.
Int. : Guy L'Écuyer, Michel Côté, Robert Gravel, Lucie Miville, Gaston Lepage, Élise Varo, J. Léo Gagnon, Louise Gagnon, Pierre Giard, Michel Fournier, Gilles Lafleur, Yvon Lecompte, Michel Gagnon, Michel Daigle, Emile Brochu, Charles Beauchamp, Stephane L'Écuyer, Dino des Laurentides, Gros-Louis.
Réal. : André Forcier. **Scé.** : André Forcier et Jacques Marcotte, Michel Pratt, Guy L'Écuyer, Michel Côté, Bernard Lalonde. **Dir. photo.** : André Gagnon, François Gill, assisté de Michel Caron et Daniel Vincelette. **Mont.** : François Gill, assisté de Suzanne Bouilly. **Son** : Alain Corneau, Marcel Fraser. **Mix.** : Jean-Pierre Joutel, Adrian Croll. **Mus.** : Joël Bienvenue.

Assistants réal. : Pierre Gendron et Marie-Andrée Brouillard. **Scripte** : Thérèse Bérubé. **Direct. art.** : Gilles Aird. **Costumes** : François Laplante. **Prod.** : Bernard Lalonde, Louis Laverdière pour Les productions Albinie.

Kalamazoo
Québec, 1988. Couleur. 84 minutes.
Int. : Rémy Girard, Tony Nardi, Marie Tifo, Gaston Lepage, Daniel Brière, Jacques Marcotte, Jean Guilda. **Réal.** : André Forcier. **Scé.** : André Forcier et Jacques Marcotte. **Dir. photo.** : Alain Dostie, assisté de Nathalie Moliavko-Visotsky. **Mont.** : Suzanne Allard, François Gill. **Son.** : Richard Besse. **Mont. son.** : Danuta Klis. **Mix.** : Hans Peter Strobl, Adrian Croll. **Scripte** : Johanne Boisvert. **Direct. art.** : Michel Proulx. **Costumes** : François Laplante. **Mus.** : Joël Vincent Bienvenue. **Assistant réal.** : Pierre Plante. **Prod.** : Jean Dansereau, Louise Gendron, Les Ateliers du cinéma québécois et l'ONF.

Une histoire inventée
Québec, 1990. Couleur, 87 minutes.
Int. : Jean Lapointe, Louise Marleau, Charlotte Laurier, Marc Messier, Marc Gélinas, Warren « Slim » Williams, France Castel, Donald Pilon, Tony Nardi, Jean-François Pichette, Léo Munger, Louis De Santis, Angelo Cadet, Louise Gagnon, Denis Bouchard, Donald Pilon.

Réal. : André Forcier. **Scé.** : André Forcier et Jacques Marcotte. **Dir. photo.** : Georges Dufaux. **Mont.** : François Gill, assisté d'Aube Foglia. **Son** : Serge Beauchemin. **Mont. son.** : Marcel Pothier, Jean-Pierre Joutel. **Direct. art.** : Réal Ouellette. **Costumes** : Gaudeline Sauriol. **Mus.** : Serge Fiori. **Prod.** : Robin Spry pour Téléscène et Claudio Luca pour Les productions C.M. Luca, en association avec l'ONF.

Le vent du Wyoming

Québec-France, 1994. Couleur. 99 minutes.

Int. : Sarah-Jeanne Salvy, François Cluzet, Céline Bonnier, Michel Côté, France Castel, Marc Messier, Marcel Sabourin, Donald Pilon, Martin Sandez, Léo Munger, Jean-Marie Lapointe, Marc Gélinas, Élise Varo. **Réal. et scé.** : André Forcier. **Dir. photo.** : Georges Dufaux, assisté de Sylvaine Dufaux. **Mont.** : Jacques Gagné, assisté de Hélène Bédard. **Son** : Patrick Rousseau, assisté d'Olivier Villette. **Mont. son.** : Richard Shorr. **Mix.** : Jacques-Thomas Gérard. Mus. : Christian Gaubert. **Dir. art.** : Serge Bureau. **Scripte** : Marie Beaulieu. **Assistant réal.** : Linda Pinet. **Prod.** : Claude Léger pour Transfilm, Nardo Castillo pour Les Productions EGM (Québec), Jacques Dorfmann pour Eiffel Productions (France).

La comtesse de Baton Rouge
Québec, 1997. Couleur. 93 minutes.
Int. : Robin Aubert, Geneviève Brouillette, Isabel Richer, David Boutin, Gaston Lepage, Frédéric Desager, France Castel, Louise Marleau, Francine Ruel, Michèle-Barbara Pelletier, Lyne Rodier, Mark Krasnoff, Marie Eykel, Cédric Noël, Earl Jarrett.
Réal. et scé. : André Forcier. **Adjointe scé.** : Linda Pinet. **Dir. photo.** : André Turpin, assisté de Daniel Guy. **Mont.** : Richard Comeau, assisté de Chantal Lussier et Carina Baccanale. **Son** : Dominique Chartrand. **Mont. son.** : Marcel Pothier. **Mix.** : Hans Peter Strobl. **Direct. art.** : Claude Paré. **Costumes** : Suzanne Harel. **Mus.** : Michel Cusson. **Scripte** : Johanne Boisvert. **Assistante réal.** : Mireille Goulet. **Prod.** : Roger Frappier pour Max Films.

Acapulco Gold
Québec, 2004. Couleur. 83 minutes.
Int. : Michel Maillot, Mark Krasnoff, Julie Maillot, Renaud Pinet-Forcier, Jean-François Chicoine, Richard Lespérance, Alejandro Moran, Fernand Matteau, Louise Roy, Charles-André Marchand, Alexandrine Agostini, Geneviève Brouillette, Mariane Pinet-Forcier, Jean Chevalier, Stella Maillot, Maxim Maillot.
Réal. : André Forcier. **Scé.** : André Forcier, Michel Maillot et Mark Krasnoff. **Dir. photo.** : Daniel Jobin. **Mont.** : Linda Pinet et Yan Desjardins. **Son** : Thierry Morlaas-Lurbe. **Mus.** : Luc Raymond et Stéphane Girouard. **Dir. art.** : Le Collectif de Ville Jacques-Cartier. **Recherche et enquêtes** : Pierre Richard.

Portraitiste judiciaire : Mike Mc Laughlin. **Expert en écriture** : Dor Cartier. **Prod.** : Les Films du Paria et Les Films de la rue Marquette.

Les États-Unis d'Albert

Québec-France-Suisse, 2005. Couleur. 90 minutes.

Int. : Éric Bruneau, Émilie Dequenne, Roy Dupuis, Andréa Férréol, Céline Bonnier, Laurent Deshusses, Alex Descas, Patricia Ubeda, Marc Labrèche, Mark Krasnoff, François Nadin, Julie McClemens, Alejandro Moran, Paul Buissonneau, Geneviève Brouillette, Gaston Lepage.

Réal. : André Forcier. **Scé.** : André Forcier et Linda Pinet. **Dir. photo.** : Daniel Jobin et Alain Dupras, assisté de Daniel Guy, Jocelyn Simard, Yvan Brunet. **Mont.** : Élisabeth Guido, assistée de Pascal Bressy, Jean-François Forget. **Son.** : Henri Maïkoff. **Mont. son. et mix.** : François Musy. **Dir. art.** : Jean Le Bourdais. **Décors** : Gilles Aird. **Costumes** : Klaude Roussel. Pierre Dupras. **Mus.** : Philippe Héritier. **Prod.** : Yves Fortin pour Productions Thalie (Québec), David Kodsi pour Link's Productions (France), André Martin pour Bohemian Films (Suisse).

Je me souviens

Québec, 2009. Couleur. 88 minutes.

Int. : Céline Bonnier, Pierre-Luc Brillant, Hélène Bourgeois-Leclerc, Alice Morel-Michaud, Gaston Lepage, Julie Du Page, Mario Saint-Amand, David Boutin, Rémy Girard, Michel Barrette, France Castel,

Roy Dupuis, Doris St-Pierre, Charles-Olivier Pelletier, Renaud Pinet-Forcier, Michel Daigle, Michel Maillot, Jean Chevalier, Daniel Gagné, Marc Fournier, Stéphane L'Écuyer.
Réal. : André Forcier. **Scé.** : André Forcier et Linda Pinet. **Dir. photo.** : Daniel Jobin, assisté de Stéphane Caron. **Mont.** : Linda Pinet. **Son** : Louis Desparois, assisté de Jean-Christophe Deslisle. **Mont. son.** : Louis Desparois, assisté de Sébastien Froment et Suzi Gagnon. **Mix.** : Louis Desparois. **Dir. art.** : Gilles Aird. **Costumes** : Maory Gastelo. **Assistante réal.** : Catherine Thabourin. **Prod.** : Linda Pinet pour Les Films du Paria.

Coteau Rouge
Québec, 2011. Couleur. 87 minutes.
Int. : Roy Dupuis, Céline Bonnier, Paolo Noël, Gaston Lepage, Louise Laparé, Mario Saint-Amand, Hélène Reeves, Maxime Desjardins-Tremblay, Bianca Gervais, Sandrine Bisson, Roseline Laberge, Anthony Lemke, Donald Pilon, Louis Champagne, France Castel, Charlotte Laurier, Pascale Montpetit, Julie Du Page, Luc Senay, Francine Ruel, Sylvain Massé, Jean Chevalier, Éric Bruneau.
Réal. : André Forcier. **Scé.** : André Forcier, Linda Pinet, Georgette Duchaîne. **Dir. photo.** : Daniel Jobin, assisté de Stéphane Caron. **Mont.** : Linda Pinet. **Son** : Louis Desparois. **Mont. son et mix.** : Louis Desparois et Sébastien Froment. **Mus.** : Michel Cusson et Kim Gaboury. **Dir. art.** : Patrice Bengle. **Costumes** : Sophie Lefebvre. **Assistant réal.** : Catherine Thabourin. **Prod.** : Linda Pinet pour Les Films du Paria.

Embrasse-moi comme tu m'aimes
Québec, 2016. Couleur. 106 minutes.
Int. : Juliette Gosselin, Émile Schneider, Céline Bonnier, Mylène Mackay, Luca Asselin, Tony Nardi, Antoine Bertrand, Réal Bossé, Roy Dupuis, Pascale Montpetit, Catherine De Léan, Patrick Drolet, France Castel, Slim Williams, Marc Hervieux, Emi Chicoine, Alexandre Castonguay, Pierre-Luc Funk, Pierre Verville, Julien Poulin, Mylène St-Sauveur, Raphaël Lacaille, Benoît Brière, Rémy Girard, Denys Arcand. **Réal.** : André Forcier. **Scé.** : André Forcier et Linda Pinet. **Dir. photo.** : Daniel Jobin, assisté de Jean-Marc Casavant. **Mont.** : François Gill. **Son** : Louis Desparois. **Mont. son.** : Claude Beaugrand. **Mix.** : Louis Gignac. **Dir. art.** : Patrice Bengle. Costumes : Madeleine Tremblay. **Mus.** : Martin Léon. **Scripte** : Julie Maillot. **Assistante réal**. : Éléonore Létourneau. **Prod.** : Linda Pinet pour Les Films du Paria, Louis Laverdière.

André Forcier a également réalisé en 2007 un des 11 courts métrages d'*Un cri au bonheur*.

Le film qu'il y signe s'inspire de *Le bonheur, c'est l'instant, l'Amérique, Jack et la route*, de Claude Beausoleil, ainsi que de *Le bonheur expliqué aux amateurs de poésie*, d'André Roy.

CRÉDITS PHOTOGRAPHIQUES

p. 127 (en haut)
Photo : [s. n.], 1976. (Collection Cinémathèque québécoise. 2000.0721.PH02 / V137A76-87.)

p. 127 (au milieu, à droite)
Photo : Daniel Gagné, 2009. (Collection Cinémathèque québécoise, 2010.0455.PH.13 / V15B dvd0365.)

p. 129 (en haut)
Photo : Takashi Seida, 1976. (Collection Cinémathèque québécoise, 1995.1061.PH.06 / V01.)

p. 131 (en haut)
Photo : [s. n.], 1971. (Collection Cinémathèque québécoise, 1995.2406.PH.04 / V01.)

p. 132 (en bas, à droite)
Photo : Daniel Gagné, 2009. (Collection Cinémathèque québécoise, 2010.0455.PH04 / V15B dvd0365.)

p. 169 (en haut)
Photo : Takashi Seida, 1976. (Collection Cinémathèque québécoise, 1995.1061.PH.04 / V01)

p. 172 (en bas)
Photo : Daniel Gagné, 2009. (Collection Cinémathèque québécoise, 2010.0455.PH08 / V15B dvd0365.)

Les photos des pages 167 à 172, à l'exception de celles nommées ci-dessus, sont tirées de la collection personnelle d'André Forcier.

TABLE

ESSAIS

André Beaudet	*Littérature l'imposture*
Normand de Bellefeuille (Hugues Corriveau)	*À double sens. Échanges sur quelques pratiques modernes*
Claude Bertrand (Michel Morin)	*L'invention de soi* *Le territoire imaginaire de la culture 1*
Pierre Bertrand	*La ligne de création* *Logique de l'excès*
François Charron	*L'obsession du mal. De Saint-Denys Garneau et la crise identitaire au Canada français* *La part incertaine. Poésie et expérience intérieure chez de Saint-Denys Garneau* *La passion d'autonomie. Littérature et nationalisme* suivi de *Une décomposition tranquille* *Peinture automatiste* précédée de *Qui parle dans la théorie ?*
Hugues Corriveau (Normand de Bellefeuille)	*À double sens. Échanges sur quelques pratiques modernes* *Écrire un roman. À propos de* Chevaux de Malaparte
Jean-Simon DesRochers	*Processus agora. Approche bioculturelle des théories de la création littéraire*
Claude Lagadec	*Les fondements biologiques de la morale*
René Lapierre	*L'atelier vide* *Écrire l'Amérique* *L'entretien du désespoir* *Figures de l'abandon* *Renversements*

Alain Bernard Marchand	*Genet le joueur impénitent* *Tintin au pays de la ferveur*
Michel Morin	*L'étrangeté de la raison* *Désert* *De vive voix* *Être et ne pas être* *L'identité fuyante* *Le murmure signifiant* *Souveraineté de l'individu*
(Claude Bertrand)	*Le territoire imaginaire de la culture 1* *Vertige ! et autres essais a-politiques*
Simon Nadeau	*Le philosophe contrebandier. Introduction à l'œuvre de Michel Morin*
André Roy	*Le rayon rose* *La vie parallèle* *Voyage au pays du cinéma*
Patrick Straram le bison ravi	*One + one Cinémarx & Rolling Stones*
France Théoret	*Entre raison et déraison*
Laurent-Michel Vacher	*L'empire du moderne. Actualité de la philosophie américaine* *Pour un matérialisme vulgaire*

Éditions Les Herbes rouges
C. P. 48880, succ. Outremont
Montréal (Québec) H2V 4V3
Téléphone : 514 279-4546

Document de couverture :
Juliette Gosselin dans *Embrasse-moi comme tu m'aimes*, 2016

Distribution : Diffusion Dimedia
539, boulevard Lebeau
Montréal (Québec) H4N 1S2
Téléphone : 514 336-3941

Diffusion en Europe : Librairie du Québec
30, rue Gay-Lussac
75005 Paris (France)
Téléphone : (01) 43-54-49-02
Télécopieur : (01) 43-54-39-15

Cet ouvrage a été achevé d'imprimer
sur les presses de l'Imprimerie Gauvin
à Gatineau en juin 2017
pour le compte des
Éditions Les Herbes rouges

Imprimé au Québec (Canada)